सूर्यकान्त त्रिपाठी 'निराला'

निराला का जन्म वसन्त पंचमी, 1896 को बंगाल के मेदिनीपुर ज़िले के महिषादल नामक देशी राज्य में हुआ। निवास उत्तर प्रदेश के उन्नाव ज़िले के गढ़ा कोला गाँव में। शिक्षा हाईस्कूल तक ही हो पाई। हिन्दी, बांग्ला, अंग्रेज़ी और संस्कृत का ज्ञान उन्होंने अपने अध्यवसाय से स्वतंत्र रूप में अर्जित किया।

प्राय: 1918 से 1922 ई. तक निराला महिषादल राज्य की सेवा में रहे, उसके बाद से सम्पादन, स्वतंत्र लेखन और अनुवाद-कार्य। 1922-23 ई. में 'समन्वय' (कोलकाता) का सम्पादन। 1923 ई. के अगस्त से 'मतवाला' मंडल में। कलकत्ता छोड़ा तो लखनऊ आए, जहाँ गंगा पुस्तकमाला कार्यालय और वहाँ से निकलनेवाली मासिक पत्रिका 'सुधा' से 1935 ई. के मध्य तक सम्बद्ध रहे। प्राय: 1940 ई. तक लखनऊ में। 1942-43 ई. से स्थायी रूप से इलाहाबाद में रहकर मृत्यु-पर्यन्त स्वतंत्र लेखन और अनुवाद-कार्य। पहली प्रकाशित कविता : *जन्मभूमि* ('प्रभा', मासिक, कानपुर; जून 1920)। पहली प्रकाशित पुस्तक : *अनामिका* (1923 ई.)।

प्रमुख कृतियाँ : *आराधना, गीतिका, अपरा, परिमल, गीतगुंज, तुलसीदास, कुकुरमुत्ता, बेला, अर्चना, नए पत्ते, अणिमा, रागविराग, सांध्य काकली, असंकलित रचनाएँ* (कविता-संग्रह); *बिल्लेसुर बकरिहा, अप्सरा, अलका, कुल्लीभाट, प्रभावती, निरुपमा, चोटी की पकड़, भक्त ध्रुव, भक्त प्रहलाद, महाराणा प्रताप, भीष्म पितामह, चमेली, काले कारनामे,* इन्दुलेखा (अपूर्ण) (उपन्यास); *सुकुल की बीवी, लिली, चतुरी चमार, महाभारत, सम्पूर्ण कहानियाँ* (कहानी-संग्रह); *प्रबन्ध प्रतिमा, प्रबन्ध पद्म, चयन, चाबुक, संग्रह* (निबन्ध-संग्रह); दो शरण, *निराला संचयन, निराला रचनावली* (सम्पूर्ण साहित्य)।

निधन : 15 अक्टूबर, 1961

सूर्यकान्त त्रिपाठी 'निराला'

प्रभावती

राजकमल पेपरबैक्स

पहला पुस्तकालय संस्करण
राजकमल प्रकाशन प्राइवेट लिमिटेड द्वारा
1984 में प्रकाशित

राजकमल पेपरबैक्स में
पहला संस्करण : 2007
पाँचवाँ संस्करण : 2024

राजकमल पेपरबैक्स : उत्कृष्ट साहित्य के जनसुलभ संस्करण

राजकमल प्रकाशन प्रा.लि.
1-बी, नेताजी सुभाष मार्ग, दरियागंज
नई दिल्ली-110 002
द्वारा प्रकाशित

शाखाएँ : अशोक राजपथ, साइंस कॉलेज के सामने, पटना-800 006
पहली मंजिल, दरबारी बिल्डिंग, महात्मा गांधी मार्ग, प्रयागराज-211 001
1, अनमोल सोराबजी संतुक लेन, धोबी तलाव, मरीन लाइंस, मुम्बई-400 002

वेबसाइट : www.rajkamalprakashan.com
ई-मेल : info@rajkamalprakashan.com

बी.के. ऑफसेट
नवीन शाहदरा, दिल्ली-110 032
द्वारा मुद्रित

मूल्य : ₹250

PRABHAVATI
Novel by Suryakant Tripathi 'Nirala'

ISBN : 978-81-267-1406-3

समर्पण

प्रिय बीबी,

बहुत दिन हुए—अट्ठारह वर्ष, पन्द्रह वर्ष की तुम नववधू होकर घर आई हुई थीं, जहाँ बिना माँ के दो शिशुओं की सेवा में तुम्हें शृंगार की साधना का समय नहीं मिला; तुम्हारे ऐसे हस्त संसार के किसी भी चमत्कार से पुरस्कृत नहीं किए जा सकते; मैं केवल अपनी प्रीति के लिए वहाँ यह पुस्तक न्यस्त करता हूँ; जानता हूँ; कालिदास भी तुम्हें 'वीणा-पुस्तक-रंजित-हस्ते' नहीं कर सकते, क्योंकि तुम तब से आज तक 'शिशु-कर-कृत-कपोल-कज्ज़ला' हो।

सस्नेह

लखनऊ —**'निराला'**

1.3.1936

प्रथम संस्करण की भूमिका

निवेदन

ईश्वरेच्छा से 'प्रभावती' सहृदय पाठकों के सम्मुख समुपस्थित है। ध्वंसावशेषों पर कुछ सत्य और कुछ कल्पना का आश्रय लिया गया है, जैसा ऐतिहासिक रोमांस के लिए प्रचलित है। भाषा खड़ी बोली, खिचड़ी शैली में होने पर भी, कुछ अधिक मार्जित है, प्राचीनता का वातावरण रखने के लिए। अपढ़ लोगों के वार्त्तालाप में अवधी मिली है। उस समय की भाषा का प्रयोग वर्तमान साहित्य में नहीं किया जा सकता। प्रधान नायक-नायिकाएँ, उस समय के दो बड़े राज्यों— कान्यकुब्ज और दिल्ली के आश्रित होकर, बड़े पेड़ों की छाँह में न उभर पाते हुए पौधे की तरह रह गए हैं या विशेषता प्राप्त कर सके हैं, पाठक स्वयं निर्णय करेंगे। मैं अपनी तरफ से अन्य पुस्तकों के नायक-नायिकाओं के मुकाबले यमुना को देता हूँ—सुधी आलोचक देखेंगे। 47वें पृष्ठ की 12वीं पंक्ति (पाँचवें परिच्छेद के अन्तिम अनुच्छेद के पहलेवाला अनुच्छेद—सं.) में 'दिन-भर' की जगह 'रात-भर' होगा; इससे भाव और साफ हो जाएगा। ऐसी दो-चार तथा अन्य प्रकार की त्रुटियों के लिए पाठक क्षमा करेंगे।

—**'निराला'**

द्वितीय संस्करण की भूमिका

निवेदन

'प्रभावती' रोमैंटिक उपन्यास है। कथा भाग जयचन्द कान्यकुब्जेश्वर सम्राट् के समय का। उस वक्त के किले बहुत हैं, अब ध्वंसावशेष। कुछ के बयान चरित-नायकों के साथ आए हैं। प्रभावती और यमुना ऐसे ही किलेदार की कुमारियाँ हैं। राजनीति, समाज और धर्मकथा के साथ जिस रूप में आया है, पाठक स्वयं विवेचन कर लेंगे। हिन्दी में इस उपन्यास की तारीफ हुई है। अभी उस रोज भी डॉक्टर रामविलास के लेख में इसके उद्धरण आए हैं। भाषा और भाव की दृष्टि से पुस्तक मध्यम या उच्च कक्षाओं में रखने योग्य है। यदि अधिकारी ध्यान दें तो हिन्दी के साथ सहयोग और सराहनीय हो। इति।

—सूर्यकान्त त्रिपाठी 'निराला'

दारागंज
13.3.45

प्रभावती

एक

लवणा एक छोटी बरसाती नदी है। उन्नाव के पास ऊसर से निकली, खजुरगाँव से कुछ दूर गंगा में मिली है। उपनिषदों की तरह सैकड़ों नाले इससे आकर मिले हैं। बरसात की शोभा देखते ही बनती है। बस्ती और ऊसरों का तमाम पानी इससे होकर गंगा में जाता है। पहले इसके तटों पर नमक बनता था। लवणा इसका शुद्ध नाम है, यों इसे लोना कहते हैं। इसके सम्बन्ध में एक दन्त-कथा भी प्रचलित है, पर वह केवल कपोल-कल्पित है। वर्तमान युग के मनुष्यों को मालूम होना चाहिए कि गंगा की उत्पत्ति में—जैसे इसमें भगीरथ-प्रयत्न न रहने पर भी, खेत काटती हुई, पुत्रों को देखकर भगी, लज्जिता, नग्न लोना चमारिन के गंगा-गर्भ में चिराश्रय लेने की पद-रेखारूप बनी यह नदी वैसी ही आख्या रखती है; यदि बरसाती नदी न होकर बारहमासी होती, तो शायद भगीरथ के रथ के पीछे जैसे, लोना चमारिन के पीछे भी लज्जाकलंक-क्षालनार्थ प्रबल वेग से जलधारा बहती होती। इस समय इस प्रान्त की आबादी बहुत बढ़ गई है, फिर भी कहीं-कहीं लवणा के तट काफी भयावने, हिरन, भेड़िये और

जंगली सूअर आदि के अड्डे हो रहे हैं। तब, जब कान्यकुब्ज का दोपहर का प्रताप-सूर्य पूर्ण स्नेह की दृष्टि से अपनी पृथ्वी को देख रहा था, इसके तट इतर वृक्षों तथा झाड़ियों से पूर्ण, अन्धकार से ढँके रहते थे। स्थानीय राजकुमार तथा वीर क्षत्रियों का यह प्रिय मृगयास्थल था।

लवणा उत्तर-पश्चिम से दक्षिण-पूर्व की ओर प्रवाहित है। इसके प्रायः पाँच सौ वर्ग मील फैले दोनों ओर के हरे छोरों के भीतर भारतीय संस्कृति तथा उदार प्राचीन शिक्षा के अमृतोपम पय को धारण करनेवाले कान्यकुब्ज सभ्यता के युगल सरोज झलक रहे हैं। दाहिने—दक्षिण ओर, शुभ्र स्वच्छतोया जाह्नवी; मध्यभाग में लवणा, अपने जीवन-प्रवाह को पूर्ण करती हुई; उत्तर—बायीं ओर मन्दगामिनी सई।

आज इसी भाग का नाम बैसवाड़ा है। इस समय बैस राजाओं तथा ताल्लुकेदारों की छोटी-छोटी रियासतें यहाँ से अवध तक दूर-दूर फैली हुई हैं, और कई जिलों में भाषा-साम्य भी प्राप्त होता है, फिर भी बैसों की मुख्य राजधानी यही उल्लिखित पवित्र कान्यकुब्ज भूमि है। आज आमों के विशालकाय उपवन एक-दूसरे से सटे कोसों तक फैलते चले गए हैं। यदि इस विस्तृत भूखंड को शतयोजनायत एक रम्य कानन कहें, तो अत्युक्ति नहीं होगी। उपवन तथा जनाकीर्ण जनपद मुसलमानों के राज्य-काल में भी समृद्ध थे, देखने पर मालूम हो जाता है। गंगा की उपजाऊ तट-भूमि, धौत धवल, मन्दर-तुल्य मन्दिर, कारुकार्य-खचित द्वार, दिव्य भवन, देववाणी तथा देवसरि का आर्य भावानुसार सहयोग, खुली गोचरभूमि, सुख-स्पर्श, मन्द-मन्द पवन-प्रवाह, अनिन्द्य हिन्दी के मँजे कंठ से निकले ग्राम-गीत किसी भी दर्शक भ्रमणकारी को तत्काल मुग्ध कर लेंगे। पर उस समय जब कि आर्य-संस्कृति का पावन प्रकाश यहाँ के निरभ्र आकाश में फैला था, यहाँ की और ही शोभा थी। कमल की सुगन्ध की तरह लोकोत्तर माधुर्य का वह विकास, वह भी अपने आधार को छोड़कर इतनी दूर तक चली गई थी कि उसकी वर्णना नहीं हो सकती। आज वह उपभोग्य नहीं, किसी तरह अनुभव-गम्य है।

वाल्मीकि की सीता, कालिदास की शकुन्तला, श्री हर्ष की दमयन्ती पति गृह को अपनी दिव्य ज्योति से आलोकित कर रही थी;

बल्कि बाहर से होनेवाले आक्रमणों ने इन भारतीय महिलाओं, विशेषकर क्षत्रिय कुमारियों को आत्म-रक्षा के लिए सजग कर एक-दूसरे ही भाव-रूप में बदल जाने को बाध्य कर दिया था। क्षत्रिय-वीरांगनाएँ अश्वारोहण और शस्त्र-प्रयोग में भी पटुत्व प्राप्त कर रही थीं। एक ओर मुख की जैसी स्निग्ध चन्द्राभा सौन्दर्य के अपार समुद्र को ज्वार से उच्छ्वसित कर रही थी, दूसरी ओर अविचल अपांगों की दृप्त द्युति में पति-प्रेम की वैसी ही कठोरतम तपस्या आत्म-रक्षा के उज्ज्वल गर्व से चिरजाग्रत थी। क्षत्रियों के औद्धत्य के साथ-साथ वामादर्प भी देश के बल के उपमान के रूप से मस्तक उठाए हुए था। बौद्धों का प्राबल्य शरत्‌काल की क्षुद्र जल-धारा की तरह भारत की धरा से लुप्त हो चला था। पौराणिक सभ्यता की प्रबल शाखाएँ उज्जयिनी के वासन्तिक विकास से पल्लवित होती हुई अब कुसुमित तथा फलित हो रही थीं। इस समय कान्यकुब्जेश्वर भारत के श्रेष्ठ शक्तिधर, कला और कौशल के सर्वोत्तम आधार-स्तम्भ थे; पर महाराज पृथ्वीराज की लोकप्रियता प्रतिदिन बढ़ती जा रही थी, गोराधिपति मुहम्मद कई बार परास्त हो चुका था; अपने उदार क्षात्रधर्म के अनुसार उस जीवनाकांक्षी को कई बार वे प्राणों का दान दे चुके थे। निकट सम्बन्ध, अप्राप्त राज्याधिकार तथा पिथौरा की बढ़ती हुई शक्ति जैसे राजनीतिक अनेक कारणों से हुआ दिल्लीपति तथा कान्यकुब्जेश का वैमनस्य प्रजावर्ग को बहुत दिनों से ज्ञात था। उल्लिखित यह समस्त कान्यकुब्जभूमि महाराज जयचन्द्र के शासनाधिकार में थी।

इस समय लालगढ़* पूर्ण यौवन में ओत-प्रोत, सौन्दर्य का उद्‌दाम वासनाओं से चपल हो रहा है। यहाँ के राजा महेन्द्रपाल कान्यकुब्जेश को स्वल्पमात्र कर तथा युद्ध के समय पाँच हजार सेना से सहायता

* गंगा से प्रायः ग्यारह कोस उत्तर लालडीह नाम का ऊँचा विस्तृत स्तूप-रूप में परिणत एक स्थान अनेक प्रकार की जनश्रुतियों के आधार धारण किए प्रत्यक्ष सत्य में विराजमान है। इससे एक मील उत्तर पुरवा नाम का, उन्नाव जिले का सबसे बड़ा कस्बा, मुसलमान राज्यकाल का समृद्ध शहर—एक कमिश्नरी, अपने मन्द प्रकाश में भी गत महत्ता का स्पष्ट इतिहास सूचित कर रहा है। इस समय भी यह उन्नाव का एक सबडिवीजन है। लालडीह अब भी पुरवा की सीमा के अन्दर है। यह पुरवा कस्बा, पहले अपूर्व नगरी के रूप से, इसी लालडीह के प्राचीन नाम लालगढ़ के ठीक उत्तर, मिला बसा हुआ था; गढ़ के नष्ट होने के बाद पतित से घृणा करनेवाली कमला की तरह हटता हुआ अपभ्रष्ट नाम ग्रहण कर एक मील दूर चला गया है।

देनेवाले मित्र हैं।

लालगढ़ चारो ओर से जल से भरी चौड़ी खाई से घिरा हुआ है। खाई में विहार के लिए छोटी-छोटी रंगीन, मयूर-पारावत, हंसादि सुन्दर-सुन्दर पक्षियों के आकार की बनी सजी चमकती हुई किश्तियाँ पड़ी हैं। वसन्त से निकलते हुए श्वेत और लाल कमल बीच का गहरा जल छोड़कर दोनों ओर, शरत के अन्त तक खिलते और दिक्कुमारियों की आँखों को शीतल और केशों को सुवासित करते रहते हैं। जल के भीतर की ओर किनारे के ईंटों की मजबूत चारदीवार उठी हुई है जिस पर तीक्ष्ण शस्त्रास्त्र गड़े हुए, सूर्य की किरणों में लपलपाते रहते हैं। चारदीवार के बीच-बीच, छोटे-छोटे, बड़ी खिड़कियों के तौर पर बने वज्रद्वार हैं जिनसे रानियाँ स्नान तथा जल-विहार के लिए बाहर निकलती हैं। सामने ईंटों के बने, जल में उतरने के सुदृढ़ सोपान, विस्तृत घाट, दोनों ओर मौलसिरी के छायादार विशाल वृक्ष। चारों दिशाओं में अत्युच्च चार फाटक, आठों पहर सशस्त्र सिपाहियों का पहरा लगा हुआ। बाहर जाने के लिए पुष्ट काष्ठ के बने चार रास्ते, जल से बनकर आए हुए ईंटों के पुल से मिले हुए इच्छानुसार खोले जा सकनेवाले, जिससे किला जल से घिरा सुरक्षित रहे। भीतर गगनचुम्बी भवन, रथ, घोड़े और अस्त्रशस्त्रादि की अलग-अलग शालाएँ, दरबार, रनवास, सेना-निवास आदि। अगरु, चन्दन और कस्तूरी की उठती हुई सुगन्धें। देवार्चना तथा मनोरंजन के उद्यान। जल के हौज। प्रतिगृह की भिन्न-भिन्न निर्माण-कला। भारतीय शिल्प और उज्ज्वल कौशल का यह कमला-निवास नील जलराशि के भीतर आकाश के चन्द्र की तरह शोभित है। उत्तर के फाटक के बाहर साधारण जनों की असाधारण अपूर्व नगरी अपनी अनुपम विभूति से आगन्तुकों को मुक्त करती हुई। दुर्ग के फाटकों से दूर प्रान्तरों के पार उपवनों की छाया-रेखा।

राजकुमार देव सज्जित घोड़े पर सवार, हाथ में भाला लिए, ढाल-तलवार और तरकस-कमान बाँधे अकेले पूर्व के फाटक से बाहर निकले। प्रकृति की दृष्टि में नया वसन्त फूट चुका है। वन्य वासन्ती, हरी साड़ी पहने प्रिय की अपलक प्रतीक्षा कर रही है। कोई मालिनी उसकी लतायित कवरी में फूल खोंसकर गले में हार पहना चुकी है। कुमार पूर्व की ओर घोड़ा बढ़ाते, प्रकृति की नई सज्जा देखते हुए चले

जा रहे हैं। मालूम न हुआ और घोड़ा आठ कोस भूमि पार कर लवणा के वन में आ पहुँचा। कुमार घोड़ा बढ़ाते हुए लवणा को पार कर गए। यहाँ से दूसरे राज्य की भूमि है। पर प्रकृति की शोभा देखते हुए तन्मय, नवीन यौवन स्वप्न में भूले राजकुमार को यह न मालूम हुआ कि वे शिकार के लिए आए हुए हैं। इसी समय सामने से एक शब्द आता हुआ सुनाई पड़ा। उसी तरफ घोड़ा बढ़ाते गए। जब घटना-स्थल कुछ दूर पर रह गया तब संघटित दृश्य देखकर आश्चर्यचकित हो गए—

घोड़े की लगाम डाल से बँधी हुई है, राजवेश से सज्जित एक युवक सूअर का शिकार कर भाला निकाल रहा है। भाला कनपटी से गर्दन को पार कर निकल गया है। निस्पन्द पशु शायद मर चुका है। युवक भाला निकाल रहा है। फलक बड़ा होने के कारण भाला निकल नहीं रहा।

ऐसी अवस्था में स्वभावतः कुमार के हृदय में कौतूहल हुआ। घोड़ा बढ़ाकर युवक के पास पहुँचे, कुछ पहचाना, पर भ्रम हुआ कि गलत न पहचाना हो; इसलिए सघन वृक्षों का अँधेरा पारकर निश्चय कर लेने के विचार से और अच्छी तरह देखने लगे। यह शिकारी को आत्म-सम्मान के खिलाफ जान पड़ा।

"क्या देखते हो?" डाँटकर पूछा।

गले के स्वर से कुमार का रहा भ्रम जाता रहा। बोले, "मुझे संशय था, इसलिए आपका निश्चय करने लगा। क्षमा कीजिएगा।"

"अब तो आपका संशय दूर हो गया?" शिकारी ने पूछा, "आपका परिचय?" शिकारी भाला निकालना छोड़कर शौर्य से तनकर आगन्तुक को देखने लगा।

"मेरा स्थान लालगढ़ है, नाम देव! शायद इतना परिचय यथेष्ट होगा।" राजकुमार ने मुस्कुराती आँखें झुका लीं।

"तो आपका यहाँ कैसे आना हुआ? यह आपका राज्य नहीं। इस जंगल में शिकार के लिए आना एक दूसरे राजकुमार के लिए अपमानजनक हो सकता है।"

उत्तर तीखा था, पर राजकुमार विचलित न हुए। उन्होंने उसी तरह आँखें झुकाए सरल भाव से कहा, "आपका कहना ठीक है, पर भ्रम तो मनुष्य से ही होता है। नया वेश बदले हुए प्रकृति को देखता हुआ

मैं कुछ मुग्ध-सा हो गया। अपने और पराए इलाके का ज्ञान नहीं रहा। घोड़ा अपनी चाल बढ़ाता हुआ नदी पार कर इधर आ गया। एक शब्द हो रहा था, जिसे सुनकर कौतूहलवश मैं यहाँ चला आया, क्षमा कीजिएगा। शिकार करते और भाला निकालते आपको बड़ा श्रम पड़ा है; मुझे अभी कुछ भी मिहनत नहीं पड़ी। आप आज्ञा दें, तो आपका भाला निकालकर अनधिकार प्रवेश का प्रायश्चित्त कर डालूँ!"

"आप तो बड़े वाक्‌पटु मालूम देते हैं।" शिकारी ने कहा, "अच्छा, आप मेरा भाला निकालिए तो सही।"

पैरों से मृत सूअर को दबाकर राजकुमार भाला निकालने लगे। पहला जोर खाली गया। शिकारी की हँसी से निर्जन वन-भूमि गूँज उठी। लज्जित होकर राजकुमार ने दूसरा जोर लगाया। पहले जोर के वक्त राजकुमार की दृष्टि शिकारी की आँखों से लिपटी हुई थी—सारा बल जैसे उन्हीं में प्रवेश करता जा रहा था—वे देख रहे थे—

एक दूसरी वसन्त-रश्मि उन आँखों में फूट रही है। प्राणों का प्रतिपत्र उसके पात से भिन्न-भिन्न रंगों से चमकता जा रहा है। यह जिस दृष्टि की रश्मि है, उसके साकार तत्त्व में केवल देह को पल्लवित करनेवाला वसन्त ही नहीं; श्रम का ताप—ग्रीष्म, मस्तक पर कुंडलायित बँधे विपुल केशों के बादल—नीचे ललाट पर श्रम-कण—वर्षा के जल-बिन्दु, मुख पर नवजीवन से स्नात शारद अमन्द द्युति, अंगों में यौवनांग का पुष्टि हेमन्त, व्यवहार में रुक्ष शिशिर—धनुष-तीर आदि की निष्पत्र डालों का पतझड़, सभी ऋतुओं की शोभा वर्तमान हैं। कैसी आँखें! संयत आयत कैसी अचल दृष्टि! समस्त विश्व के दर्प को जैसे दबाकर वश कर रही है। पृथ्वी के हरे तरंगित वृक्षों की सब्ज जल-राशि के भीतर यह कमला-सी खुली स्वरूपा कुमारी, अकृत अज्ञात भी कैसे मौन इंगित से, प्रतिक्षण आमन्त्रण दे रही है! नयनों की मौन महिमा में भी असंख्य गहरे अर्थ छिपे हुए हैं! बिना शब्द के, सौन्दर्य की कैसी कर्मबेधिनी व्याख्या है। कोमल पद, पीनोरु—दीर्घ मध्य को धारण किए, क्षीण कटि, समुन्नत विशाल वक्ष—वर्म को भेदकर पुष्ट मांसलता स्पष्ट होती हुई, लम्बित भुजाएँ, कपोत-ग्रीवा, पश्मल रहस्यमयी बड़ी-बड़ी तिर्यक आँखें, चितवन बहुत दूर आकाश की ज्योत्स्ना की तरह किसी के तृषित हृदय-चकोर के लिए उतर रही है। यह वीरवेश इस विजयिनी छवि के

रक्षक की तरह।

पहले सुन्दर आँखों से दृष्टि बँध जाने के कारण, जोर खाली गया था—मन और इन्द्रिय दूसरे के अर्थ को छोड़कर स्वार्थ में लगे थे—आँखें और कल्पना अन्यत्र होने के कारण कार्य-शक्ति शून्य-रूप रह गई थी—हाथ फिसल गया था। इस बार कुमार ने पूरा जोर लगाया। इतनी शक्ति उन्होंने कभी खर्च नहीं की। इतनी शक्ति उन्हें कभी मिली भी नहीं। मालूम न हुआ कि वह भाला निकालने की शक्ति इच्छानुसार आत्मा से कैसे निकालते गए। चर्र-चर्र करती शरीर को चीरती हुई भाले की उल्टी नोकें बाहर निकल आईं। राजकुमार की आँखों में अँधेरा छा गया। एकाएक जोर ज्यादा लग जाने से ताव आ गया। भाले के सहारे जरा देर ठहर गए, बड़े धैर्य से उभरी हुई कमजोरी को दबाया, फिर अपरिचिता कुमारी की ओर बढ़े। अभिप्राय समझकर कुछ कदम कुमारी आगे बढ़ आई और बढ़ाया हुआ भाला हाथ बढ़ाकर थाम लिया। धन्यवाद देने की इच्छा की; पर मुख से शब्द न निकला। गले में अज्ञात कहीं की जड़ता जैसे आकर लिपट गई। झुकी पलकें भाला लिए खड़ी रहीं, जैसे राजकुमार के शौर्य की स्वयं पुरस्कृत प्रतिमा हो। खून से रँगे विशाल भाले के नीचे झुकी आयत आँखों को वसन्त की खुली पहली दृष्टि से राजकुमार देर तक देखते रहे।

कुमार की प्रिय मुग्ध दृष्टि से कुमारी के हृदय में विजय का गर्व चपल हो उठा। पर संयम की शक्ति से उसे अपनी ही सीमा में उसने बाँध रखा; केवल आँखों की ताराओं से उल्लास की ज्योति विच्छुरित होने लगी। यही राजकुमार को होश में लाने की वजह हुई। सँभलकर नम्रतापूर्वक कुमार ने पूछा, "आपका परिचय मुझे अभी नहीं मालूम हो सका।"

संयमित मधुर चपल उत्तर मिला, "मैं यादव राज-कन्या हूँ, मुझे प्रभावती कहते हैं।"

प्रसन्नता के पलकें झुकाए राजकुमार ने दूसरी आज्ञा माँगी। हँसती देखती हुई प्रभा बोली, "मुझे शिकार उठानेवाले आदमियों के लिए पास के गाँव तक जाना होगा। अगर आप—मैं आपकी सहायता करूँगी—हम दोनों रस्सी से बाँधकर इसे घोड़े पर रख लें। फिर आप..." प्रभा रुक गई।

राजकुमार ने अनुकूलता की। उत्तर इस प्रकार शब्दों में बँधकर निकला, ''आप अकेली हैं। मुमकिन, घोड़े पर शिकार ले जाते आपको कष्ट हो। मैं बाँधकर इसे अपने घोड़े पर रख लेता हूँ। आपको किले के पास तक छोड़कर लौट आऊँगा।''

''बड़ी कृपा होगी।'' नम्र प्रभावती कहकर मुस्कुराती रही।

राजकुमार ने सूअर को अपनी रस्सी से बाँधा। फिर अकेले उसे अपने घोड़े पर उठाकर रख लिया। सँभालकर जीन के कड़ों से बाँध, प्रभा को सवार होने के लिए कहकर, बैठ गए। प्रभा अपने घोड़े पर बैठ गई।

दोनों दलमऊ दुर्ग की ओर चले। दिन का तीसरा पहर पार हो रहा था; वन से निकलकर राह पर आते-आते एक भिक्षुक मिला। राजकुमार को राजपुरुष समझकर दीन दृष्टि से देखते हुए क्षीण स्वर से प्रार्थना की। राजकुमार ने उँगली से अँगूठी निकालकर दे दी।

देखती हुई प्रभावती अपनी मोतियों की एक माला उतारकर भिक्षुक से बोली, ''बाबा, इसे लो; बदले में अँगूठी हमें दे दो।''

वीरवेश से सजी कुमारी को खुली प्रसन्नता की दृष्टि से देखते हुए बहुत कुछ मतलब समझकर-जैसे, भिक्षुक ने अँगूठी दे दी और नम्र भाव से मोतियों की यह चमकती हुई माला ले ली। प्रभा घोड़े की लगाम फेर, राजकुमार की तरफ पीठ कर दोनों हाथों अँगूठी ले-लेकर मुग्ध दृष्टि से देखती रही। फिर बीच की उँगली में डालकर मुस्कुराती हुई देखने लगी—उसमें राजकुमार का नाम लिखा था।

जिस समय प्रभा अपनी सुखोद्भावना में लीन थी, राजकुमार ने भिक्षुक को उँगली के इशारे से पास बुलाया और अपनी एक माला उतारकर देते हुए, इशारे से वह माला माँगी। भिक्षुक ने राजकुमार से माला लेकर प्रभावतीवाली दे दी और भरे आशीर्वाद से दोनों को देखता हुआ चला गया। जब प्रभा अपने प्रथम सुहाग के आनन्द से भरकर राजकुमार की तरफ मुड़ी, तब राजकुमार उसकी माला पहन रहे थे। उसे समझते देर न लगी। हृदय की गुदगुदी को दबाकर, जैसे कुछ नहीं समझी, राजकुमार को घोड़ा बढ़ाने के लिए कहा।

इंगित पा प्रभा का घोड़ा राजकुमार के घोड़े से सटकर चलने लगा। दोनों सवार एक अपूर्व आवेश में हैं, आँखों में अनुभूत एक सुख-स्पर्श नशा छाया हुआ है, जिससे सन्ध्या अपार श्री धारण किए

प्रतीत हो रही है, जैसे सौन्दर्य के स्वर्गलोक के दो प्रणयी प्राणी बँधे चले जा रहे हैं। दोनों मौन हैं। कुछ बोलकर विषय की गम्भीरता को नष्ट करने की किसी की इच्छा नहीं। कभी-कभी एक दूसरे की जाँघ रगड़ जाती है। पुलकित हो दोनों एक ही परिचय से एक-दूसरे को देख लेते हैं।

घोड़े धीरे-धीरे बढ़ रहे हैं। सूर्यास्त होने को हो गया। सामने मथना नाला आ पड़ा। ''कुमार,'' प्रभा ने आग्रह की दृष्टि से देखते हुए कहा, ''यहाँ कुछ देर विश्राम कर लें, कैसी सुखद सन्ध्या है!'' प्रभा की इच्छा जानकर कुमार घोड़े से उतर पड़े। सूअर को उतारकर जमीन पर रख दिया, फिर कमर से फेंटा खोलकर प्रभा के लिए बिछा दिया। लज्जित प्रभा कुमार का हाथ पकड़, बैठालकर मुस्कुराती, अपने फेंटे से हवा झलने लगी। कुमार ने हाथ पकड़ लिया, ''मुझे गरमी नहीं मालूम दे रही।''

''पर हवा तो जाड़े में भी चलती है, आप किसी का धर्म रोक दीजिएगा? अवश्य इस समय जाड़ा नहीं।''

''हवा दूसरे कारण से बहती है। उससे हवा को बहते हुए कष्ट नहीं होता। पर यहाँ वह बहाई जा रही है। इससे हवा को न हो, पर जिससे वह वाहित है, उसे तो कष्ट हो सकता है?''

''नहीं। डुलानेवाली को भी कोई डुला रहा होगा, जैसे हवा के बहने का आपने कारण बतलाया।''

कुमार चुप हो गए। प्रभा व्यजन करती रही। कुछ सोचकर कुमार बोले, ''पर मुझे इसी वक्त लौटना होगा। तुम्हारे दुर्ग में तो मैं जा नहीं सकता?''

''क्या मेरे दुर्ग से तुम निकल भी सकते हो? कुमार, पिताजी के दुर्ग में तुम पहले के वैमनस्य के कारण न जाओ, मैं आग्रह न करूँगी; पर वहाँ नहीं, यहीं से, तुम मेरे अतिथि हो; मैं जिस तरह तुम्हें रखूँगी, तुम्हें स्वीकार करते हुए आपत्ति न होनी चाहिए।''

राजकुमार ने प्रभा का व्यजन रोक दिया और स्वस्थ हो लेने के लिए बैठने को कहा। वसन्त के सान्ध्य क्षण, एकान्त प्रान्तर में परिचय के प्रकाश में स्पष्ट एक-दूसरे को देखते हुए मौन, देर तक बैठे रहे।

दो

गंगा के उत्तर तट पर दलमऊ* महानगर धवल धामों के मसृण दलवाले विशाल पुष्प-जैसा खिला हुआ है। ऊपर वासन्त की दिगन्तव्यापिनी ज्योत्स्ना प्लावित हो रही है, वैभव के समय साक्षात्

*दलमऊ या डल्मऊ रायबरेली जिले का प्रसिद्ध कस्बा है। यह रायबरेली का एक सब-डिवीजन भी है। शहर के दाहिनी तरफ गंगा के बिलकुल किनारे से उठा हुआ, एक छोटी पहाड़ी की तरह के काफी ऊँचे मिट्टी के स्तूप पर चारों ओर से दो मील तक दृढ़ दीवार से घिरा एक प्राचीन दुर्ग है, जो इस समय गत गौरव के समाधि रूप में परिणत है। प्रचलित लोककथाओं के अनुसार इस पर गोप राजाओं का अधिकार था। ये भी कान्यकुब्जेश्वर के मातहत सरदारों में थे। आज गोप-वंश अपना यादव-क्षत्रिय के रूप से परिचय देता हुआ इस किले की प्राचीन इतिहास का एक केन्द्र मानता है। बाद को यह किला मुसलमानों के अधिकार में आया। पश्चात् अंग्रेजों ने इस पर कब्जा किया। इसकी इमारतें इस समय नष्ट हो चुकी हैं। फिर भी परिचय के लिए यथेष्ट चिह्न वर्तमान हैं। इसके ऊपर से दूर तक फैला हुआ गंगा का दृश्य, उतरकर जल और स्थल से मिला हुआ आकाश बड़ा सुहावना मालूम देता है। किले के यौवन-काल में शहर की बड़ी आबादी थी। गंगा के किनारे होने की वजह से व्यवसाय का भी बहुत बड़ा केन्द्र था। पहले रेल तथा अच्छे मार्ग न होने से भारत का अधिकांश व्यवसाय जल-पथों से होता था। इनमें गंगा का पथ सर्वश्रेष्ठ था। प्राचीन उक्ति के अनुसार यह स्थान दालिभ्य-क्षेत्र है। दालिभ्य ऋषि ने वही तपस्या की थी। बाद को दालिभ्य का अपभ्रंश शायद दलमऊ हो गया, फिर अंग्रेजी डल्मऊ बना।

लक्ष्मी की स्नेह-दृष्टि जैसी। माता की गोद पर शिशु जैसा शहर सुख की मृदुल छाँह में बाँहें खोले ऊर्ध्व दृग हो रहा है। कलकल-हासिनी स्वच्छ जलवाहिनी जाह्नवी एक ध्वनि के अनेक अर्थों की ओर इंगित करती हुई तरंगित हो रही हैं। इस अर्थ-गौरव को न समझनेवाले साधारण पुरुषों के चरणों पर चढ़ी पुष्पांजलि जैसे अनेक घाट मुक्त हो रहे हैं। अनेक भावों से क्षुब्ध जीवन के प्रवाह में ऐसी ही बहती रहने की मधुर इच्छा लिए हिलते-हलके हृदयवाली तरुणी कुमारियाँ, प्रवास-पति की प्रिय-मिलनातुरा युवतियाँ, पति-युक्ता-मुक्ता कामिनियाँ और अनुकरणशीला बालिकाएँ घी के दीपक जला-जलाकर गंगा-वक्ष पर प्रवाहित कर रही हैं। नगर के अगणित मन्दिरों से सान्ध्य आरती के मृदंग, मुरज, मंजीरादि दूर प्रान्त तक के हृदय को ध्वनित कर रहा है। व्यवसाय, देव-दर्शन और स्वास्थ्य-लाभादि अनेक कारणों से आई हुई नावें आरोहियों को लिए सन्ध्या की इस अपार शान्ति में लीन हैं। पश्चिम और विशाल दुर्ग नगर की रक्षा का भार लिए सक्षम सेनापति जैसा खड़ा है। वहाँ से दूर तक फैली गंगा की विपुल नील शोभा पार्थिव ऐश्वर्य के प्रिय जड़जाल से जैसे चिरकाल के लिए प्राणों को बाँध लेती है।

शिकार को लिए श्रमित अश्व की मन्द गति से राजकुमारी दुर्ग के द्वार के भीतर गई। सेवक, देर के कारण विचार में पड़े, देखकर प्रसन्न हो गए। एक ने लगाम थाम ली। प्रभा महल की ओर चल दी।

नीलिमा के हृदय में अंकुरित प्रेम का पूर्ण चन्द्र जिस दृष्टि से अपने विश्व को देखता है, प्रभा की वही दृष्टि पारिपार्श्विक दृश्यों पर पड़ रही है। स्पर्श से एक जादू जग रहा है। प्रभा के प्राणों की कली दल-दल और रंग-रंग से भरकर, पूरी उभरकर खुल चुकी है, जिसके पास भी उसकी सुगन्ध पहुँची, समझकर उसी ने मालूम कर लिया, फिर पास की दूसरी डालों में खिली कलियों के लिए समझना क्या? वे मौन भले रहें—दूसरी बातों में बहला दें—कली के पवन-स्पर्श का प्रसंग न छेड़ें, पर वे जानती हैं। उमड़ती हुई ज्वार को देखकर हर एक समझदार कह देगा कि वह चन्द्रचुम्बित हो रही है। वहाँ ऐसी कई सखियाँ थीं। प्रभा की प्रसन्नता से ऐसा ही निश्चय उन्हें हुआ; पर सभ्यता के विचार से मौन कुमारी प्रणय का परिचय उन्होंने नहीं

पूछना चाहा। वे नगर के प्रतिष्ठित घरों की युवतियाँ थीं जो स्नेहालाप तथा कला-चर्चा के लिए सन्ध्या-समय आया करती थीं। डेढ़-दो घंटे रहकर चली जाया करती थीं। आँखों की स्निग्ध ज्योति से बहलाकर संयत सभ्य कंठ से प्रभा ने कहा, "आपलोग मुझे आज क्षमा करें, आज मैं शिकार के पीछे बहुत थक चुकी हूँ।"

उनमें एक चपला साहित्यिका ने हँसकर पूछा, "तो क्या शिकार हाथ नहीं आया?"

भरकर, वैसे ही जल्द हँसती हुई प्रभा बोली, "आया है, पर बड़े परिश्रम के बाद," कहकर नहाने के लिए चली गई।

बातों में एक दूसरी को चढ़ाती-उतारती, छोड़ती-बाँधती मुक्ति की ज्योतिस्वरूपा देवियाँ अपने-अपने गृह की ओर चलीं।

एक दासी ने प्रभा के अस्त्र खोलकर वस्त्र बदलवा दिया। उसे यमुना को बुला देने की आज्ञा देकर प्रभा स्नान-कक्ष को गई।

यमुना प्रभा की अन्तरंग सखी है। दासी होकर भी उसके पूरे मन पर अधिकार कर लिया है, इसका कारण प्यार है। उम्र में वह प्रभा से कई साल बड़ी है, पर स्नेह और सहानुभूति में बिलकुल बराबर। स्वभाव आकाश की चिड़िया का जैसा है, जिसने प्रभा के रंगों में अपने को बहा दिया है, कलरव और आनन्द जिसके अस्तित्व को पूर्ण किए हुए हैं।

खबर पा यमुना प्रभा के पास आई। उसके खुले आनन्द का पूरा वेग लगते ही प्रभा की पलकें झुक गईं, हृदय की बात कहते हृदय संकुचित होने लगा, भीतर की प्रिय छवि को निकालते अंग बाधक हो गए। यमुना के लिए इतना इशारा काफी था। हँसकर बोली, "आज आपकी तबियत अच्छी नहीं मालूम देती। गूँजती मक्खी जैसे फूल के लिए उड़ी पर फूल न मिलने पर उदास लौट आई।"

प्रभा मुस्कुराई। बोली, "और तुम्हारे गालों में तीन पंजे कसे, तब बेचारी को कुछ रस मिला।"

"होगा," यमुना बोली, "कि फूल पर बैठने की वजह गूँज बन्द हो रही है।"

प्रभा पुलकित हो गई। फिर अज्ञात कहीं के संकोच ने जैसे दबा लिया। बदलकर बोली, "वह गाना, उस दिन नया सीखकर सुनाया

था, आज फिर सुना, यमुना!''

प्रभा हृदय न खोल सकी। कितनी लाज लगती है? कैसे कहे कि ऐसा-ऐसा हुआ, उन्हें ले आ, कोई कष्ट न हो। कहने में बड़ा स्वार्थ है, उन्हें प्रतीक्षा करते देर हो रही है—शंका भी है, पर कह नहीं सकती।

इतिहास न मालूम हो सका, पर आकार और इंगितों से उसका तत्त्व-रूप यमुना समझ गई। स्वामिनी सखी के संकोच से हर्षित हुई; पर दूसरे ही क्षण अपने अतीत और वर्तमान के चित्रों में तन्मय हो गई, उनकी स्मृति, दुख की रूखी छाया की तरह, उसके देह और प्राणों को निश्चेष्ट, जड़ीभूत करने लगी। उसी दुख के स्वर में फूटकर वह उसी के आदेश में जैसे गाने लगी :

''दुख के दिन नयन नवाय रहौं।
बेमन मन को समुझाय कहौं॥
को जानति, जागति पीर कौन,
सखि, इहि समीर में बहति मौन,
राजा की कन्या रहति भौन,
दासी बनि, गुनि गुन, दुसह सहौं॥
बीते बहु दिन जब लगी अगिनि,
धनि, जागि बनी जीवन-जोगिनि;
री रहति तहूँ पिय-धन सो गिनि,
तिय-तन निसिदिन तिन तोरि दहौं॥''

गाने की करुण ध्वनि प्रभा की रग-रग को सजग करने लगी। दुःख की ही शक्ति सुख के पर्दे के पार जा सकती है। वहाँ धनी और निर्धन, राजकुमारी और सेविका का भाव नहीं, वहाँ हृदय हृदय से बातें करता है। प्रभा की उच्चता उस गाने के भाव में बहकर उसी प्रवाह की जल-समता में आ गई। हृदय भेद खोलकर हृदय से बराबर हो जाने को उतावला हो चला, दुःख के जो घात संगीत के भीतर से मिले थे, उन्होंने दुःख की भेदात्मिका रुकावटों को तोड़ दिया। प्रभावती उठकर यमुना के गले लिपट गई। सखी को पास बैठाकर स्नेह-स्वर से प्रेम की कथा सुनाने लगी।

सुनकर यमुना चपल पुतलियों से देखती हुई स्निग्ध किरणों से प्रभा को नहलाकर बोली, ''राजकुमार को प्रतीक्षा करते देर हो गई।

मैं उन्हें अच्छी जगह छोड़कर अभी आती हूँ, आगे के प्रबन्ध करूँगी; तब तक वे कुछ आराम कर लेंगे।''

प्रभा की दृष्टि में कुमारी उत्कंठा लिखी रह गई।

बातचीत के अनुसार आवश्यक चीजें यमुना ने ले लीं।

तीन

पंडित शिवस्वरूप गंगापुत्र चौपाल में चौके के अन्दर चने चबा रहे हैं। दलमऊ का हर गंगापुत्र अपने को दालिभ्य ऋषि का एकमात्र वंशधर मानता है और प्रचार भी करता है, पर शिवस्वरूप महाराज औरों से ज्यादा पुष्ट और आवाज वाले होने के कारण जातीय श्रेष्ठता में सदा विजय प्राप्त करते हैं। विशेष पढ़े-लिखे नहीं; संकल्प शुद्ध नहीं आता, गुनगुनाकर दान छुड़वा लेते हैं, पर पंडितों से बातचीत पड़ने पर दालिभ्य ऋषि के प्रचंड पांडित्य के माहात्म्य-कीर्तन में मातृ-भाषा के प्रखर स्वर से दूसरों को स्तम्भित करके छोड़ते हैं। गऊ के खुर के प्रमाण से कुछ अधिक जगह शिखा ने घेरी है, लम्बी डेढ़ हाथ, साढ़े तीन पेंच के बाद बँधी हुई दंड पर गौरव की ध्वजा की तरह फहराया करती है। ललाट सदा भस्म-मंडित, उम्र अभी बहुत नहीं; केवल चालीसवाँ साल पहुँचे हैं। पत्नी पच्चीसवें साल परलोक सिधार गई, तब से कुलीन-वंशीया कन्या के अभाव के कारण दालिभ्य ऋषि के महोच्च कुल को दोबारा कलंकित नहीं किया। पहली स्त्री भृगुठौरा या भिटौरा (फतहपुर) के पास की, सीधे भृगु के वंश की थीं। घर में माता

हैं और स्वयं आप। घाटों में लड़ाई सनातन प्रथा है। इसलिए मारने या मार सह लेने के दृढ़ अभिप्राय से दोनों वक्त कसरत करते हैं।

किसी-किसी युवती की पुरुष-विशेष को चराने की आदत होती है। महाराज शिवस्वरूप किले के नीचे ही एक बगल रहते हैं। यमुना अनेक कार्यों से उधर आती-जाती है, इनसे प्रायः मुलाकात होती है। यमुना नीच है, उसे छूना न चाहिए, इसकी छाया से उनके ब्रह्मचर्य का फूल कुम्हला जाएगा—उन्हें खुले बदन देख ले, तो नजर लग जाने का भय है, आदि अनेक धार्मिक विश्वास अपने भाव और भाषा से जाहिर कर चुके हैं। यमुना त्यों-त्यों इन्हें दबाने की भावना में बदलती गई। भिन्न-भिन्न आकार, इंगित और ध्वनियों द्वारा वह इन्हें विश्वास दिला चुकी हैं कि इनकी उच्चता और ब्रह्मचर्य पर उसकी पूरी श्रद्धा है। कुछ दिनों से हँसती आँखों, झुके-सिर पालागन करके आशीर्वाद भी पाने लगी है। उसे एक दिन शिवस्वरूप महाराज अपना नाम लेकर अभय भी दे चुके हैं कि उनके नाम के प्रताप से, दालिभ्य ऋषि का सच्चा खून जोकि उनके शरीर में है, उसका मनोमल अवश्य धुल जाएगा। दोनों की ऐसी ही भावना उत्तरोत्तर दृढ़ होती जा रही है। ऐसे समय यमुना को कार्य की पूर्ति के लिए उनसे मिलने की आवश्यकता हुई।

यमुना जल्दी में है, महाराज शिवस्वरूप चने चबाने में जल्दी नहीं कर सकते।

चौपाल में पहुँचकर महाराज को देखते ही एक साँस में यमुना कह गई, "बड़े धनी आदमी थे—मन्त्री के लड़के हैं—मैंने कहा, ऐसा जजमान अपने महाराज के हाथ क्यों न लगाऊँ, पर आप चने चबा रहे हैं! जाऊँ रामनाथ महाराज के यहाँ! अच्छा, पायलागी महाराज!" यमुना लौटी कि महाराज शिवस्वरूप उसी वक्त शार्दूल-विक्रीड़ित गति से बढ़े और फौरन यमुना की कलाई पकड़ ली, "अरे सुन भाई!"

झटके से हाथ छुड़ाकर कुछ पल महाराज को देखती रहकर यमुना बोली, "चने चबाकर न कुल्ला करना, न हाथ धोना। आकर छू लिया!"

अब महाराज शिवस्वरूप को होश हुआ। इधर-उधर देखकर पैर पकड़ लिए। शब्द न निकला।

"अच्छा-अच्छा, न कहूँगी किसी से, पर भूल मत जाना महाराज!"

हटती हुई यमुना बोली। हाथ जोड़कर शिवस्वरूप महाराज गिड़गिड़ाने लगे, "अच्छा सुनो, यह लो अपना दान," /स्वर्णमुद्रा देती हुई : महाराज शिवस्वरूप को लोलुप दृष्टि से देखकर कई लपेट लगाकर मुर्री में रख लेने के बाद, "और ये कपड़े रखकर मेरे साथ आओ; जजमान नहाने जाएँगे तब इन्हें बदलेंगे, फिर इन्हें पहनेंगे; राजसी पोशाक में हैं; अच्छी जगह जल्द रखकर आओ; मैं आकर सब ठीक कर लूँगी।"

महाराज उसी क्षण भीतर जाकर जल्द-जल्द दो शब्दों में माता को समझाकर, कपड़े रखकर लौट आए। उन्हें साथ लेकर यमुना राजकुमार के संकेत-स्थल को चली।

"अच्छा, महाराज," रास्ते में सोचते हुए यमुना ने पूछा। महाराज कुछ कदम पीछे, कन्धे पर लट्ठ रखे, आगे और कितना क्या-क्या मिल सकता है, इसका हिसाब जोड़ते जा रहे थे, आवाज पाते ही भक्तिभाव से गर्दन बढ़ाए हुए दौड़े; जरा कैंची-निगाह देखकर यमुना मुस्कुराई, "हाँ, यह तो बताइए, भुजवे के भुने और हमारे दिए चने में तो छूत नहीं, फिर चबाकर छू जाने में कैसी छूत है?"

"हे—जमुना! सब ढोंग है!"—यमुना की बायीं बाँह पकड़कर हिलाते हुए, "रामनाथ है, रामनाथ-वामनाथ जितने हैं—सब, किसके घर का नहीं खाते? बेसन के लड्डू में चना नहीं है? जजमान परसते हैं, सब खाते हैं और जजमान खाते बखत छू-छूकर परसते हैं!" यमुना के कान के पास मुँह ले जाकर, "हलवाई की बनाई पूड़ी नहीं खाते? अब छूत कुछ सरग से आती है? एक लोग-दिखावा है—यह जाँघ खोलो तो लाज, वह जाँघ खोलो तो लाज!"

मुस्कुराती, हटने के इरादे से यमुना जल्द-जल्द बढ़ती गई। वह आज मामूली दासी के रूप में नहीं, सजकर आई है। राजकुमारी की प्यारी सखी के रूप में राजकुमार से मिलेगी—मिलाएगी। एक बार अपनी सजावट का विचार कर फिर मुस्कुराई। फिर महाराज की तरफ मन लगा, बोली, "अच्छा, महाराज, बात ही तो है, खुल जाए तो?"

"तो कोई सिर काट लेगा? कहेंगे, ढोंगी था!"

यमुना खिलखिलाकर हँसी। बोली, "गऊ-हत्या तो हत्या-हरन से कट भी जाती है!"

"हाँ," गम्भीर होकर शिवस्वरूप महाराज ने कहा, "इसका कोई

पराच्छित नहीं है। एक धर्म छोड़ने की बात है!''

यमुना को पूरा विश्वास हो गया कि इससे बड़ा बेवकूफ दूसरा न मिलेगा। बोली, ''पैरों पड़नेवाली बात लेकिन खराब है।'' महाराज ने भी सोचा कि बहुत बुरा हुआ। यमुना डरकर कि कहीं पकड़ न ले, फिर बोली, ''लेकिन मैं किसी से कहती थोड़े ही हूँ? बराँभन का सराप, कहीं लग जाए!—ऐं महाराज?''

महाराज उदास स्वरों से बोले, ''वंस नास हो जाए, कोढ़ हो जाए, कहीं जलम-जलम जम के दूत नर्क में घसीटें; जो कुछ न हो जाए, थोड़ा है!''

''हाँ, महाराज, जो कुछ न हो जाए, थोड़ा!'' कहकर यमुना मन-ही-मन आगे के प्रबन्ध पर विचार करने लगी।

स्थान निकट आ गया था। बोली, ''महाराज, किसी से इनके आने की बात कहना मत।''

महाराज ने गम्भीर होकर सिर हिलाया।

यमुना ने पूछा, ''कोई पूछेगा, तो क्या कहोगे?''

''कि कोई नहीं आया।''

''उनके घोड़ा भी है। पैसे मिलेंगे। आदमी तुम्हें लगाना होगा। कोई पूछे कि यह किसका घोड़ा है, तो क्या कहोगे?''

''कहेंगे, हमारा है। मनवा के राजा ने बाप के सराद में दिया है।''

मन में सोचकर, मुस्कुराकर यमुना बोली, ''अच्छा, आगे उस पेड़ के नीचे खड़े रहो, मैं उन्हें ले आती हूँ; फिर साथ ले लेना; मैं साथ न जाऊँगी, वहीं मिलूँगी—गली से होकर जल्दी पहुँचूँगी; बड़ी राह से जाना।'' कहकर यमुना चल दी।

महाराज शिवस्वरूप पेड़ की छाँह में लाठी के सहारे पंजों के बल बैठे अनिमेष दृष्टि से उधर ही देखते रहे।

जहाँ रामलीला के समय रावण-वध होता है, उसी जगह इकले आम के नीचे प्रभा ने कहा था; यमुना सीधे उसी तरफ गई। निश्चय हो गया। घोड़ा खड़ा देख पड़ा। बगल में राजकुमार बैठे थे। एक स्त्री को आते देखकर उठकर खड़े हो गए। छाँह से बाहर पूर्ण ज्योत्स्ना के नीचे, कीमती वस्त्र और अलंकारों से सजी हुई यमुना राजकुमार को देखकर, हृदय में ललित अंजलि बाँध जरा सिर झुकाकर मधुर कविता की लड़ी-सी खड़ी रह गई। उसे आदाब बजाते समझकर,

राजकुमार प्रसन्न पदक्षेप से उसके पास चलकर आए।

मधुर कंठ से यमुना बोली, "हमारी कुमारीजी देर तथा श्रम के लिए क्षमा चाहती हुई जल्द बुला रही हैं--आज्ञा हो तो, ले चलूँ।"

राजकुमार के मुड़ते ही द्रुत-पद यमुना घोड़े के पास पहुँची और डाल से लगाम खोलकर हाथ में दे दी। चतुरा सेविका से प्रसन्न होकर, प्रिया की खबर लानेवाली यह सबकी चुनी हुई सेविका होगी—अनुमान कर, पुरस्कृत करने के अभिप्राय से राजकुमार ने अपनी मोतियों की एक माला उतारी और मौन स्नेह से यमुना के गले में डाल दी।

मृदुल खिलखिल से निर्जन प्रान्त गूँज उठा। राजकुमार चकित हो गए। यह आचरण सेविका का नहीं। उसी समय मधुर कंठ से पूछा, "कुमार, यमुना की याद है?"

"यमुना!" राजकुमार की ध्वनि और दृष्टि से निकला हुआ वेगपूर्ण आश्चर्य असंयत हो गया। द्रुत-पद बढ़कर वे यमुना के पास आए। पेड़ के नीचे, पल्लवों से छनकर यत्र-तत्र मुख पर चाँदनी पड़ रही थी। अच्छी तरह देखकर, पहचानकर सविस्मय ससम्भ्रम बोले, "यमुना देवी!"

यमुना अनेक विगत स्मृतियों से बँधी हुई निश्चल खड़ी रही, पर जिस साहसी हृदय का उसने पहले परिचय दिया था, जिस नैपुण्य से वह अकेली भी विजयिनी थी, उसकी जिस वीरता की बैसवाड़े में घर-घर चर्चा थी, जिसे जीवन के सत्रहवें साल ही अलौकिक कीर्ति प्राप्त हो चुकी थी, जिसे गृह-देवियाँ अपना आदर्श मानकर पूजती थीं, यह वही यमुना है—वे सब भाव संयत हृदय में बँधे हुए हैं, जैसे उनसे भी महत्ता में यह वृहत् और ऊँची है।

"देवी!" ससम्भ्रम राजकुमार बोले, "आप दोनों की बहुत दिनों तक खोज की गई, पर पता नहीं लगा।"

"हाँ कुमार, उस युद्ध में विजय पाकर तुम्हारे बन्दी सेनापति को छुड़ाकर मैं महोबा गई थी। मुझे भय था कि यहाँ रहने पर भेद खुल जाएगा, मेरे और भी कई उद्‌देश्य थे।"

"सेनापति क्या यहीं हैं?"

"नहीं।" कुछ सोचकर बात टालने को मुस्कुराकर बोली, "शृंगार के समय वीर-रस की चर्चा तुम्हें अच्छी लगती है—फिर इस प्रथम समय?" मधुर मुक्त नारी-कंठ हँसकर गूँज गया।

राजकुमार सहज सिर झुकाए खड़े रहे। यमुना बोली, "आप मेरे कुल के पति-पद में मुझसे छोटे हैं, यद्यपि पति आपके पिता के अधीन, आपके सेनापति थे; यह पुरस्कार मैं नहीं ले सकती; आगे एक महाराज आपको ले जाने के लिए मिलेंगे, उन्हें दीजिएगा। कुमार, मेरा भेद प्रभावती से न खोलिएगा, न घर लौटकर किसी दूसरे से। मैंने यह बात अपनी सखी से छिपा रखने के कारण ही सखी के प्राण-प्रिय से प्रकट की है और इसलिए भी कि सखी के प्रिय को, परिचय के पश्चात्, वैमनस्य की जगह किसी प्रकार की शंका न हो—उनके परिचित यहाँ भी हैं।"

"आप यहाँ किस रूप से हैं?" आँखें झुकाए विनीत कंठ से राजकुमार ने पूछा।

"किस रूप से?" हँसती यमुना बोली, "उसी से, जिससे द्रौपदी को विराटनगर में रहना पड़ा था।"

"पर आपका नाम यहाँ क्या है?"

"यही। क्योंकि यह बहुत प्रचलित नाम है। यहीं इस नाम की तरुणी और बालिकाएँ मेरे अलावा और दो सौ होंगी। कुमार चलिए।"

राजकुमार ने हाथ जोड़कर सम्मान प्रदर्शन किया। बढ़कर, "अच्छा-अच्छा," कहकर आँचल छुड़ाती हुई यमुना बोली, "पर वहाँ इस सम्मान-प्रदर्शन की ओर खासतौर से विचार रखिएगा; क्योंकि, मिलाप गंगा पर होगा, नाव में—मैं साथ हूँगी, और सखी होकर भी मैं दासी हूँ, काम छोटे-मोटे करने पड़ेंगे। सम्मान की ऐसी जरूरत भी नहीं—सबसे घनिष्ठ सम्बन्ध तो सखीवाला है?" कहकर यमुना ने कुमार का एक हाथ हिला दिया। फिर बोली, "और वहाँ सेविकाओंवाली मेरी अपभ्रष्ट भाषा पर हँसिएगा मत।"

"मेरे प्रणाम का एक अर्थ यह भी था कि मैं आपके पैदल चलते घोड़े पर न चलूँगा। आप आगे-आगे चलें, मैं पीछे-पीछे चलता हूँ।"

"हाँ, जरूरत पड़े, तो मंत्रीपुत्र कहकर परिचय दीजिएगा, महाराज से, मैंने ऐसा ही कहा है।" आगे चलती हुई यमुना ने कहा, "और दोष भी नहीं; मैं 'पुत्र' का शब्द और धातु से निकला अर्थ लेती हूँ।" राजकुमार हँस दिए।

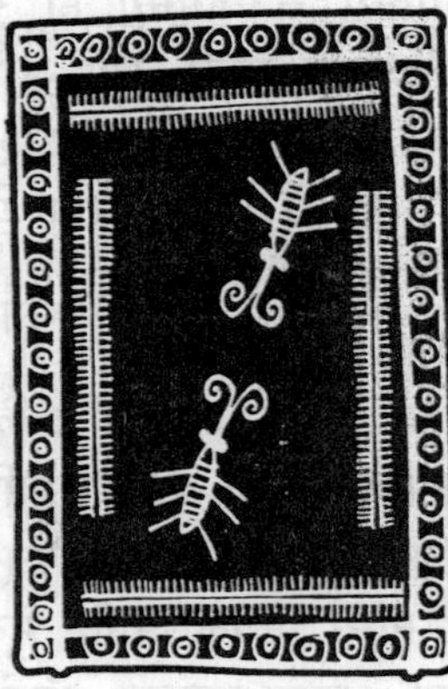

चार

इस बीच कुमार के स्वागत के कुल प्रबन्ध प्रभावती एक-एक याद करके कराती रही। दासियों को अभी तक यही मालूम था कि चैत की पूनो है, राजकुमारी नौका-विहार के लिए जाएँगी। किले की बगल में, घाट पर नाव लाकर लगा दी गई। दासियों ने नाव के नीचे और छत पर गद्दे बिछा दिए, कामदार चादरें लगा दीं। रेशमी तकिए, गुलाबपात्र, इत्रदान, पानदान, सोने के पात्रों में मदिरा, क्षुद्रमर्मर की पतली प्यालियाँ, हलका आसव, गन्धराज के गजरे, सजी फूलदानियाँ, मृदंग-मंजीरा, वीणा आदि वाद्य, नूपुर-गुच्छ, ढाल-तलवार, तीर-कमान, बल्लम-साँग आदि अस्त्र-शस्त्र तथा अन्यान्य आवश्यक सामान यथास्थान सजा दिए। पाचक अनेक प्रकार के पक्वान्न, मिष्ठान्न, सामिष-निरामिष भोजन, चबेना, अचारादि रख आया। मल्लाहों को खबर कर दी गई कि नाव खाली बहती हुई जाएगी; पतवार दासियाँ सँभालेंगी, वे लोग पिछली रात दूसरी नाव लेकर आठ-दस कोस का रास्ता जल्द तय करें, वहाँ विश्राम होगा, फिर गुन खींचकर ले आवेंगे।

दासियाँ प्रभावती को सजाने लगीं। प्रति अंग नीलमों, हीरों और

मोतियों से जगमग हो गया। वसन्ती रंग की, सच्चे कामवाली, रत्नजटित साड़ी तथा आभरणों की झुलसती स्निग्ध द्युति के बीच पृथ्वी की प्रभावती आकाश की शशिकला से अधिक सुन्दरी, अधिक शोभना हो गई। मस्तक पर अर्द्ध-चन्द्राकृति, सोने के लता-भुजों से आयत, ललित चूड़ामणि—ऊपर श्वेत कोमल पक्ष, मध्य में नीलम, दोनों ओर कन्नियों पन्नों के फूलों में, बड़े से छोटे, क्रमानुसार हीरे, नाक में एक ओर मणि बिन्दु; पद्मराग की कंठी; ऊँचे पुष्ट वक्ष पर शुभ्र मुक्ताओं की हारावलि; हाथों में मणियुक्त विविध भुज-बन्ध, कंकणादि, कटि में रिणिन्-कारिका, सप्तावृत्ति, श्लथ किंकिणी; पदों में नूपुर, पायल आदि; मुक्त केश, वासित; अधरों में ताम्बूल-रक्त राग; आयत सलज्ज आँखों में क्षीण प्रलम्ब कज्जल-रेखाएँ। पुतलियों में चपल रहस्य-हास्य; प्राणों में मृदु-मृदु प्रणय-स्पन्द।

अभ्र की सजी नाव की सहस्रों लता-पुष्पाकृति बत्तियाँ जल गईं। जल में मुक्त-पुच्छ मयूर लहरों में हिलता सचल दिखने लगा। खिड़कियों के रंगीन रेशमी द्वितीय-बन्धनी-रूप में कटे पर्दे चमकने लगे, उनकी जरी की लहरें और सच्ची झालरें चकाचौंध करने लगीं। बीच-बीच मालाकृति मोतियों की लड़ियाँ, तरुणी के वक्ष पर, ज्योतिश्चुम्बिनी, साभरणा सद्यःपरिणीता तरुणी की कलिमालाएँ बन गईं। जगह-जगह लाल, नीलम और हीरे रंगीन द्युति की रेखाओं से आकाश के तारों से भले लगने लगे।

प्रभा के पिता कान्यकुब्जेश के कार्य से बाहर थे। माता की आज्ञा वह ले चुकी थी। मुकुर देखकर अपने कक्ष में बैठी हुई यमुना के सन्देश का पथ देख रही थी। दो दासियाँ यमुना की सहायता के लिए और दी गई थीं।

यमुना भी जल्दी कर रही थी। राजकुमार के अस्त्र खोलवाकर वस्त्र बदलवा दिए। घोड़े के लिए प्रबन्ध कर दिया। फिर लाए हुए वासितवसन उत्तरीय, चन्दन-कुंकुम और पुष्प-माल्यादि दासी से लिवाकर महाराज को साथ लेकर गंगातट पर गई। कुमार को सविधि स्नान-पूजन से निवृत्त कर गंगाजी को पुनः माला चढ़ाने की ध्वनि-पूर्ण सलाह दी। साथ लिया अर्थ महाराज को दान करा वहीं प्रसाद-रूप किंचित जल-पान करा दिया। फिर दासियों को इशारा करके भेज दिया और महाराज को भी, प्रतीक्षा में कष्ट होगा, समझाकर, सरल

स्वर से कल तक लौटने की बात सुझा दी—क्योंकि समागत यजमान को अपर मित्रों से मिलना होगा, सम्भव, वहीं रह जाना हो। फिर अपनी बात की याद दिला दी कि भूलने से भला न होगा। महाराज भक्तिपूर्वक स्वीकार करके, आशीर्वाद देते हुए चले गए।

प्रभावती को खबर मिली कि यमुना तैयार हो चुकी है। इन दो दासियों के साथ अपने मन की तीन और दासियों को लेकर प्रभावती उतरने के लिए चली।

राजकुमार साधारण पहनावे में थे—पट्टवास और उत्तरीय। चाँदनी में भी रंग नहीं खुला। प्रभा की इच्छानुसार यमुना उनके लिए भी वासन्ती वस्त्र ले गई थी, जो नहाकर पहने थे। कुमार खड़े-खड़े एकान्त ज्योत्स्नाकाश के नीचे जाह्नवी की विपुल शोभा देखते हुए देश के पुण्य-श्लोक महात्माओं की शान्त महिमा में लीन हो रहे थे, फिर बाहरी संसार में आ तरुणी की लघु मनोहर शोभा देखकर अनेक काल्पनिक छवियों में भूलते हुए वृहत् और लघु के उदार और चपल सौन्दर्य की एक ही निरुपमता एक-एक बार तौलते थे, कभी अपने दुर्ग से द्विगुण उच्च आकाशचुम्बी इस दुर्ग की दुरा-रोहता पर सोचने लगते थे। यमुना प्रभावती की प्रतीक्षा कर रही थी। इच्छा थी, इन प्रत्यक्ष सभी सौन्दर्यों से आकर्षक उन्हें दूसरा दृश्य दिखाएगी।

गंगा के ठीक किनारे उच्च दुर्ग ऊपर खुला हुआ है। नीचे से साफ देख पड़ता है। वहीं से गंगा-वक्ष पर उतरने की सीढ़ियाँ हैं। प्रभावती वहीं, सोपानमूल पर, धीरे-धीरे आकर खड़ी हो गई। रात का पहला पहर बीत चुका है। सारी प्रकृति स्तब्ध हो चली है। कुमार को सोचते हुए समझकर यमुना ने कहा, "कुमार देखो, दुर्ग पर सखी उतरनेवाली हैं—खड़ी तुम्हारी तरह कुछ सोच रही हैं।"

राजकुमार ने देखा। यह दूसरी छवि थी। सर्वेश्वर्यमयी स्वर्ग की लक्ष्मी भक्त पर प्रसन्न होकर स्वर्ग से उतरना चाहती हैं; मौन हिमाद्रि किरण-विच्छुरितच्छवि गौरी को परिचारिकाओं के संग बढ़ाकर आकाश-रूप शंकर को समर्पित करना चाहता है, विश्वप्लाविनी इस मौन ज्योत्स्नारागिनी की साकार प्रतिमा अपनी मूर्त्त झंकारों के साथ निस्पन्द खड़ी जीवन-रहस्य को ध्यान कर रही है।

प्रभा उतरने लगी। अकूल ज्योत्स्ना के शुभ्र समुद्र में आकुल पदों की नुपूर ध्वनि-तरंगें कितने प्रिय अर्थों से दिगन्त के उर में गूँजने

लगीं। प्रभा का हृदय अनेक सार्थक कल्पनाओं से द्रवीभूत होने लगा। बार-बार पुलक में पलकों तक डूबती रही। सोपान-सोपान पर सुरंजिता, शिंजिता चरण उतरती हुई, प्रतिपद क्षेत्र-झंकार कम्प-कमल पर, चापल्य से लज्जित कमल-सी रुकती रही। उरोजों से गुण-चिह्न जैसे आए झीने चित्रित समीर-चंचल उत्तरीय को दोनों हाथों से पकड़े उड़ते आँचलों से, प्रिय के लिए स्वर्ग से उतरती अप्सरा हो रही थी।

यमुना मुस्कुराती रही। राजकुमार देखते रहे। स्वप्न और जागृति के छाया-लोक में प्रति प्रतिमा पंचेन्द्रिग्राह्य संसार में अत्यन्त निकट होकर भी जिस तरह दूर—बहुत दूर है, उसी तरह परिचिता प्रभा का यह दूर सौन्दर्य प्राणों की दृष्टि में बँधा हुआ निकट—बहुत ही निकट है। उस स्वप्न को वे उतने ही सुन्दर रूप से देख रहे हैं, जितने से संज्ञा के अन्तिम प्रान्त में पहुँचकर भक्त और कवि अपनी देवी-प्रतिमा को प्रत्यक्ष करते हैं। अल्पदृश्य प्रभावती कितनी विशिष्टता से, प्रति अंग की कितनी कुशलता से, कितनी स्पष्टता से प्रिय कुमार की ईप्सित दृष्टि में उतर रही है।

प्रभा नाव पर बैठ गई। नाव खोलकर सेविकाएँ चढ़ गईं। एक ने पतवार सँभाली, दोरंगी बल्लियाँ लेकर बीच की ओर ले चलने का उपक्रम करने लगी। प्रभा वीणा सँभालकर स्वर मिलाने लगी। इस रूप में साक्षात् शारदा को देखकर राजकुमार की भाषा अपनी ही हद में बँधकर रह गई।

पाँच

कुमार चुपचाप रूप की सुधा पी रहे हैं, देखकर यमुना प्रसन्न होकर बोली, "कुमार, हमारी आशा यहाँ से पूरी न होगी। प्रिय से मिलने के लिए कुछ परिश्रम करना होगा, अपनी सखी की तरफ से मैं हूँ। हमें शहर पार करके श्मशान-भूमि में मिलना होगा। प्रायः कोस-भर पैदल चलना है।"

"आपकी जैसी आज्ञा," कुमार सँभलकर बोले।

"आइए," यमुना आगे-आगे चली। "आगे बस्ती है, आवश्यक बातें उधर कहूँगी।"

दोनों मौन चलते गए।

राजकुमार के मन को अनेक प्रकार की धूप-छाँह से युक्त भिन्न-भिन्न रस और अलंकारों की कल्पनाएँ अपने आप उठ-उठकर समावृत करती रहीं। कभी प्रिय को एक ही अश्व पर बैठकर, लड़ते हुए, शत्रु-सैन्य को परास्त कर बढ़ते हुए संसार के राज्य को पार कर जाते हैं; कभी किसी एकान्त वन के सघन लता-भवन में आलिंगित विश्राम करते हैं, कभी निभृत कक्ष के रत्न-दीप प्रकाश में

प्रियालाप में बँधे रहते हैं, जैसे इस मधुर स्वर का कभी अन्त न होगा—संसार का समस्त समुद्र स्थिर है, केवल दो बुदबुद अतल से कलरव करते हुए अनन्त ऊर्ध्व को उमड़ रहे हैं, जैसे समस्त पृथ्वी सुप्ति के अन्धकार में डूबी हुई है, केवल दो परिचित प्रहरी वार्तालाप करते हुए बैठे हैं सृष्टि से स्नेह-सौन्दर्य की रक्षा के लिए। फिर होश में आते हैं, फिर बिगड़े हुए को बनाने के लिए माया-मरीचिका की सृष्टि करते हैं, भ्रान्त मृग की तरह फिर दूर, दूरतर हो जाते हैं। पैर जैसे अपने-आप यमुना का अनुसरण कर रहे हों।

नगर का पथ धीरे-धीरे पार हो गया, यमुना विगत अनेक स्मृतियों को गौरव-स्वरूपी अपनी महिमा को धारण किए, मौन, सहज-पग आगे-आगे चली जा रही थी। नगर पार कर उपवन के पथ को एक जगह रुककर, साथ पार्श्ववर्तिनी हो गई।

गम्भीर स्वर से बोली, "कुमार, आपके सौभाग्य का यह सबसे बड़ा लक्षण है कि प्रभा ने आपको वरण किया।"

कुमार स्वीकृति की सूचना-जैसे मौन रहे।

यमुना कहती गई, "इनके पिता की इच्छा बलवन्त से विवाह करने की थी।"

"फिर?" राजकुमार की सारी वृत्तियाँ एक साथ सचेत हो गईं।

"प्रभा मेरे प्रसंग से बलवन्त को घृणा करती थी। वह मुझे नहीं जानती, पर मेरा इतिहास जानती है। मेरी इच्छा का बलवन्त ने विरोध किया था। यह स्त्री होने के कारण प्रभा सहन नहीं कर सकी। उसने अपने पिता से खुलकर कुछ कहा नहीं; पर बलवन्त से विवाह का अवसर आ जाने पर वह अवश्य अपनी पूर्ण स्वतन्त्रता का परिचय देती।"

यमुना कुछ रुक गई। राजकुमार के सौन्दर्य के नशे पर इसका और प्रभाव पड़ा।

सँभलकर यमुना कहने लगी, "बलवन्त को महीने के लगभग हुआ, कान्यकुब्जेश की ओर से इधर के अधीन राजाओं से कर लेने तथा यज्ञ में आमन्त्रित के विचार से दलमऊ आए थे। महेश्वरसिंह से बातचीत हुई थी। बलवन्त प्रभावती को देखना चाहते थे, पर सखी अस्वस्थता के बहाने नहीं मिलीं।"

"तो इस विवाह से महेश्वरसिंह अनर्थ कर सकते हैं।"

"पर वीर और वीरांगना को अनर्थ से ही अधिक प्रेम होता है, यदि वह अनर्थ किसी सत्यप्रेम का विरोध है। आप क्या..."

"जी नहीं, आपका आदर्श मेरा रक्षक है। बलवन्त ने आपको यहाँ देखा था?"

"पहले मैंने सोचा था कि मैं न जाऊँगी। पर फिर सोचा, अगर न गई, तो प्रभा को शंका होगी। कड़े कार्यों में वह मुझे ही सामने करती है। उसे विश्वास है। मैं जानती थी, जितने नशों से दृष्टि ढँक जाती है, उन सबसे ऐश्वर्य-बड़प्पन का मद बड़ा है। इससे आदमी की मुखाकृति प्रायः नहीं देख पड़ती, वस्त्र और अलंकार, प्रशंसा और सम्मान परिचय देते हैं। कुमार, बालों को कुछ विशृंखल कर, प्रभा को सलाह देकर कि जब समय होगा, अपने मन की कर लेना, पर अभी से बुद्धि से रहित होना ठीक नहीं—उसे विश्वास दिला दो कि उसके लिए तुम्हें पिता का प्रस्ताव मंजूर है, नहीं तो ऐसा न हो कि कान्यकुब्ज का प्रियपात्र होने के कारण तुम्हारे पिता के इष्ट में अनिष्ट पैदा करे। प्रभा की ओर से मद्य और फल आदि लेकर मैं गई थी, कुछ बातें भी कीं, कुशल पूछी, पर वह मुझे पहचान नहीं सका। वह उस यमुना को पहचानता था जो राजकुमारी थी, इसे नहीं जो दासी है। अगर कुछ पहचान आएगी भी, तो वह अपनी आँखों को ही धोखा देते हुए समझेगा। दुष्यन्त ने जो अपनी प्रिया को और असली रूप में नहीं पहचाना, वहाँ वास्तव में यही भाव चित्रित है। उसने अँगूठी पहचानी थी।"

कुमार ने सोचते हुए पूछा, "देवी प्रभावती को आपके विगत इतिहास से जो प्रेम है, उसकी कभी आपसे चर्चा करती हैं।"

हँसकर यमुना ने कहा, "कई बार कर चुकी हैं। कहती हैं, विवाह वास्तव में गौरव का वही है। पर, यमुना के पति के साथ निरुद्देश्य होने पर, कभी-कभी दुःख भी करती हैं और तरह-तरह की मनोहर कल्पनाएँ। इच्छा है कि उसी रूप से विवाह करें। उसी रूप में उन्हें विवाह का आनन्द मिलता है। मैं कहती हूँ कि बेचारी, बहुत सम्भव है, किसी वन में दमयन्ती की तरह पति से छूटकर भटकती-फिरती हो या जानकीजी की तरह किसी रावण के यहाँ पड़ी पति की चिन्ता में गल रही हो, तो बिलकुल मुरझा जाती हैं, जैसे उन्हीं पर सब बीत रहा है। तब मैं कहती हूँ, हाय! मैं ही वह यमुना क्यों न हुई कि तुम्हारे

गले से लिपटकर कहती कि प्रभावती, दुःख न करो बहन, मैं आ गई। तब नाराज होकर 'चुप रह, तू क्या जाने कि वह क्या और कौन है' डाँट देती हैं।''

राजकुमार उच्च स्वर से हँस पड़े।

यमुना कहने लगी, ''एक दिन अपने-आप कहा, 'यमुना, तू उन यमुना देवी को नहीं जानती, इसलिए सीताजी और दमयन्ती की मिसाल दिया करती है; पर तू बेचारी और जानती कितना है—तेरा क्या कुसूर!' वे आज भी पूरी क्षत्राणी हैं, किसी किरात से डरनेवाली नहीं। बहुत ऊँचे दरजे की लड़ाई जानती हैं। उनका कोई अपमान थोड़े कर सकता है?''

पेड़ों की आड़ से बाहर निकलने पर नाव प्रतीक्षा करती हुई देख पड़ी, प्रभावती वीणा बजा रही थी। यमुना संयत हो गई। कुछ ही देर में खुले श्मशान-घाट ले जाकर खड़ी हुई। सेविकाओं ने सात रंगों से भिन्न पोरों के तौर पर रंजित तख़्ता नीचे से निकालकर डाल दिया। उसी से प्रभावती तट पर उतरी। कुमार और यमुना कुछ दूर-दूर खड़े थे। हाथ जोड़कर कुमार को नमस्कार कर प्रभावती सामने खड़ी रही, प्रति-प्रणाम कर यमुना को देखकर कुमार मन में मुस्कुराए। यमुना गम्भीर होकर टल गई और एक सेविका का नाम लेकर शीघ्र सामान ले आने के लिए कहा।

जल, आरती, फूल-मालाएँ, रोचना, कंकण आदि सजे रखे थे। सेविकाएँ एक-एक ले आईं। प्रभा ने जल से हाथ लगाकर पैर प्रक्षालित कर दिए, फिर अप्सरा के पंखोपम उसी उत्तरीय से चरण पोंछे, फिर बाएँ हाथ से पूजित पदों को दबाकर दाहिने से तीन बार अँगूठों की धूल-जैसे उठाकर नेत्रों में लगा सिर पर रखी। फिर आचमन करने लगी।

यमुना संयत है। बार-बार उठते आवेश को सहज भाव से दबाने की कोशिश कर रही है। प्रभा ने पदों पर, फिर मस्तक पर फूल चढ़ाकर रोचना लगाकर गले में गन्धराज की माला डालने लगी कि यमुना का सान्द्र कंठ सुन पड़ा, 'साध्वी वीरांगना भव।'

'यमुना और संस्कृत!'—प्रभा का भाव भंग हो गया। माला पहनाकर निगाह फेरकर कुमार के दाहिनी बगल देखा, यमुना निष्पात पलकों से किसी महामहिमा में डूबी खड़ी थी। कोई भाव वहाँ न था,

वह किसी को भी न देख रही थी। अज्ञात प्रेरणों से संकुचित होकर प्रभावती कुमार के हाथ में कंकण बाँधने लगी। कार्य समाप्त होने पर यमुना प्रकृतिस्थ हुई, कुमार के हाथ में कंकण देखकर आँखों में मृदु मुस्कुरा दी।

अब प्रभा आरती करने लगी। सबके हृदय में मधुर भाव ओत-प्रोत हो गया। फिर यमुना ध्यान-मग्न हो चली। दासियाँ, श्मशान-भूमि, आकाश, चन्द्र, ज्योत्स्ना, तारे, गंगा और सारी प्रकृति निष्पन्द! पूजिका की भावमयी आँखों और भ्रू-पलकों का वह अनुपम भक्ति-रूप राजकुमार स्तब्ध होकर देख रहे थे। मन से भासित होता था—आरती उसी की आरती कर रही है; 'निःसंशय', स्तब्ध प्रकृति तथा अन्य मौन मन कह रहे थे।

यमुना स्थिर कंठ से कहने लगी, "कुमार, यह देवी प्रभावती की सूझ है। उन्होंने श्मशान में आपको वर रूप से वरण किया है। सुन्दर, यह विश्व देवी की दृष्टि में केवल श्मशान है, यदि यहाँ उनके साथ आप नहीं। उनकी दृष्टि में आप ही उन्हें लुब्ध करनेवाले सौन्दर्य की एकमात्र सृष्टि हैं। इस श्मशान में आपको शिव मानकर आपके गले में उन्होंने वरमाला डाली है। वे पृथ्वी-रूप से गुण-सुगन्ध-भूषित हो रही हैं। जल-रूप उन्होंने आपके चरण धोकर आपको अन्तःकरण का समस्त रस अर्पित कर दिया है। आपको माला पहनाकर, सुरोचित कर स्पर्श-जन्य अपना समीर अंश दे चुकी हैं। आरती द्वारा तथा नयनों की ज्योति से आपके वररूप को देखती और पूजती हुई अपना ताप-तत्त्व और अब मौन खड़ी हुई भी मन से आपके स्नेहाभिषेक में मधुर मुखर, आपको अपना आकाशतत्त्व भी दे चुकी हैं। परन्तु यह वह दान है, जो दोनों पक्ष से अपेक्षित है। इनके लिए हुए पंच-तत्त्वों के बदले आप अपने भी पंच-तत्त्व इन्हें दीजिए। तभी इनकी पूर्णता होगी। आपमें पंच तत्त्व-स्वरूपा शक्ति आकर मिली है; आप पंच तत्त्व-स्वरूप पुरुष को देकर सम हूजिए। यही आपकी भूमि है, यही रस जल, यही पंच-प्राणों को समीर, यही ज्योतिर्मयी दिव्य दृष्टि—दर्शन शोभा और यही शब्दों की आकाशरूपा। आप इन्हें रोचित कर माला पहनाकर प्रति-नमस्कार द्वारा प्रीत कीजिए।"

सेविकाएँ अर्घ्य आदि लिए खड़ी थीं। कुमार ने बाएँ हाथ से मस्तक का पश्चाद्भाग थामकर दाहिने से, सुललित रोचना लगा दी,

अक्षत छिड़के और दोनों हाथों से, प्रेम के दिव्य भाव से डूबे, प्रिय को माला पहना दी। प्रति-नमस्कार करने लगे, प्रभा ने दोनों हाथों बँधी अंजलि पकड़ ली।

यमुना प्रभा को आगे, पश्चात् कुमार को कर नाव पर ले चली। ललित-पद चलती प्रभा यमुना के भाषण-कौशल पर सोच रही थी। पर यमुना पहले ही सँभल चुकी थी। सुनाकर स्वगत कहने लगी, ''आज पंडित गंगाधर महाराज मिल गए। जब राम की किरपा होती है तब क्या कोई काम बिगड़ता थोड़े है? बाहर निकली नहीं कि महाराज खड़े थे, सगुन देखकर मैं गोड़ों गिरी—'महाराज, भले मिले।' कहने लगे—'क्या है यमुना, खैर तो है?' मैंने कहा—'महाराज, एक पंडित तत्-तत् करते थे, पाँच मिलाकर कहा था, मैंने पान, सुपारी, कत्था, चूना, लौंग याद कर लिया—कहते थे, इन ही से हर जीउ बना है, फिर वह पाँचों तत्-तत् समझा दिया, पर महाराज; मैं वह तो भूल गई, 'पान-सुपारी-कत्था-चूना-लौंग' याद रह गया है।' महाराज हँसने लगे। बोले—'पंच तत्त्व हैं, तत्-तत् नहीं।'...'वह सब लिख दो, अच्छी तरह,' मैंने कहा। फिर मैंने ब्याहवाली बातें पूछीं, मैंने कहा, 'सब लिख दो।' लिखा लिया। फिर दिन-भर पढ़ती ही तो रही! याद हो गया, फिर नाम बैठाकर, अपनी तरह से कह दिया। मैंने कहा, 'महाराज, किसी स्त्री को अगर कहा जाए कि पति को मानो भी और खूब लड़ाका भी हो, तो सन्सकीरत में कैसा कहेंगे? मैंने सोच लिया था कि आखिर कुमारीजी का ब्याह है, कुछ कहे बिना कैसे बनेगा, पुरोहितजी होंगे नहीं। पंडितजी ने बताया, इसकी सन्सकीरत है—'साध्वी वीरांगना भव'।''

'लड़ाका' के पास राजकुमार फट पड़े—किसी तरह जब्त न कर सके, प्रभा भी खिलखिला दी, ''चुप रह, तुझसे कोई कैफियत तलब करता है?''

''नहीं, मैंने कहा सायत,'' कहकर यमुना चुप हो गई।

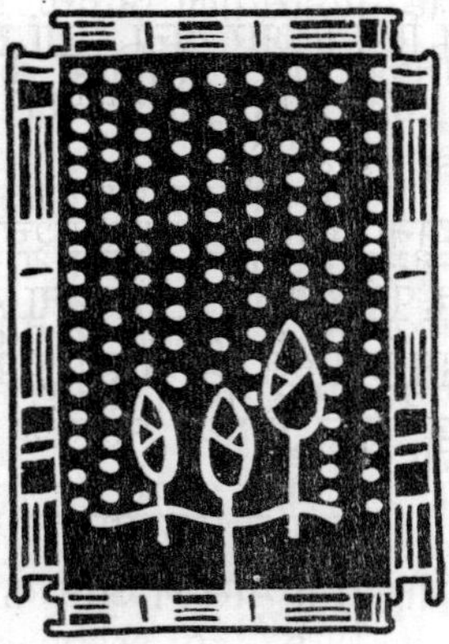

छह

जरा देर में जरा समाँ बदल गया। चारों ओर हँसी-खुशी छा गई। राजकुमार चुपचाप देवी यमुना से दबे बैठे हैं—मन-ही-मन उस विजयिनी प्रतिभा की प्रशंसा करते हुए। राजकुमार को पान के लिए पूछते हुए प्रभावती को संकोच हो रहा है। बैठी माला की लड़ी हाथ में लिए नीची निगाह देख रही है। मन बार-बार यमुना की सहायता चाहता है।

नारी अपनी महिमा नहीं छोड़ सकती, प्रभा को देखते ही यमुना समझ गई। जो कार्य क्रमशः होते हैं, उनका भी उसे ज्ञान है। सब क्रम प्रभा यमुना को सुना चुकी है। अपने चातुर्य के कारण यमुना प्रभावती का दाहिना हाथ है।

किसी विशिष्ट विषय के बाद, दूसरी बातचीत चलने पर भी मौका देखकर अनुकूल बात की जाती है; यह मर्म छिपी राजकुमारी यमुना कितना समझ सकती है और राजकुमारी प्रभावती को बार-बार समझाकर ही अपना सकी थी, इसका उल्लेख अनावश्यक है। प्रथम प्रगाढ़ भक्ति-भाव का उसी ने रुख बदला; अब इस प्रतीक्षा में है कि

वह उपहासवाला आनन्द भी कुमार-प्रभा तथा सेविकाओं के मन से निकल जाए; प्रतिक्रिया के भरे मुहूर्त में नवीन रचना शुरू करेगी।

यह वही क्षण है।

नाव की छत पर बैठक है। राजकुमार और प्रभावती को यमुना ने सामने-सामने बैठाया था। चार सेविकाएँ चार कोने में बैठी हैं; इन्हीं में यमुना राजकुमारी के दाहिनी बगल। एक पीछे पतवार सँभाले हुए, एक सामने गति-निरीक्षण करती हुई। नाव अपने-आप बहाव में बही जा रही है।

यमुना ने एक सेविका से मदिरा, हलका आसव, घृतपक्व, चबेना और भूना मांस ले आने के लिए कहा। दूसरी, तीसरी और चौथी को राजकुमारी वाली वीणा, मृदंग और नुपूर-मंजीरे ले आने की आज्ञा दी।

सेविकाओं ने वैसा ही किया। यमुना उठकर पूरब को—बहाव की ओर मुँह किए राजकुमार और प्रभावती के बीच, कुछ फासले पर, आ बैठी और दोनों के पान और भोजन सजाकर सामने रख दिए; फिर प्याली में मदिरा ढालकर उठाकर राजकुमार के हाथ में दे दी। देवी की इच्छा समझकर मुस्कुराकर, नीची नजर राजकुमार ने प्याली पकड़ ली। फिर होंठ काटकर मुस्कुराती हुई प्रभावती की ओर देखकर उसकी भी रत्न-जटित प्याली आसव से भरकर दी। ढीले हाथ प्रभावती अपनी प्याली लेकर राजकुमार को भरी हँसी की नत दृष्टि से देखने लगी। राजकुमार तब तक लिए ही बैठे थे। यमुना ने राजकुमार से कुछ आगे आने के लिए प्रार्थना की। फिर बाएँ से प्रभावती और दाहिने से कुमार का प्यालीवाला हाथ पकड़कर दोनों की प्यालियाँ मिलाते हुई बोली, ''पीने, गाने और विहार न करने में भी अकेली हमारी राजकुमारी आपके साथ होंगी, आप ऐसी जगह कभी इनको छोड़कर न जाएँगे, आज के अमृतजल देनेवाली नीचे गंगाजी, ऊपर मयूखवर्षी चन्द्र, एक दूसरे के लिए प्रेम बहानेवाले आप दोनों और रंगीनी भरनेवाली सुरा-सुन्दरी गवाह हैं। कुमार, मन में कौल करके पान कीजिए।''

कुमार ने प्याली खाली कर दी। प्रभा ने भी पात्र रिक्त कर दिया। दोनों एक-एक टुकड़ा मांस लेकर खाने लगे। यमुना दूसरे दौर की तैयारी करने लगी।

दोनों की उचित मात्रा हो चुकने पर यमुना ने पूछकर पात्र, प्याली

और तश्तरियाँ उठवा दीं। दोनों के मुँह धुलवा दिए। रंगीन दृष्टि से दोनों एक-दूसरे को देखते हुए, यमुना के दिए पान लेकर खाते हुए, एक दूसरे की आत्मा में बैठने लगे। आँखोंवाली लाज दूर हो गई।

नाव धीरे-धीरे बहती जा रही है। वसन्त ऋतु, शीतल समीर, चाँदनी रात, गंगा-वक्ष ज्योति से झलमल, नाव पर राजकुमार और राजकुमारी की पहली रात और इसे वे दोनों शराब की आबदार आँखों से देखें तो कितना सुन्दर होगा?

यमुना ने प्रभावती को वीणा बढ़ा दी। एक दूसरी सेविका से मृदंग की ओर इशारा करके राजकुमार को देने के लिए कहा, स्वयं नुपूर-गुच्छ ले लिये।

वीणा चढ़ी हुई थी, मृदंग लैस किया हुआ था। तारों में पहले तीन-चार बार प्रभावती ने अलाप ली। फिर देश पर त्रिताल की एक गति बजाने लगी। हाथों में नुपूर-गुच्छ लिए-लिए यमुना ताल द्विमात्रा, मात्रा, अर्द्धमात्रा तथा दीर्घ रणन से झंकृत करती रही। कुमार देव सोलह-मात्रा पर मृदंग के बँधे बोल लघु थपकियों से निकालने लगे। गति द्रुत से द्रुततर होती गई, मृदंग में परन पर परन, छन्द पर छन्द उठते गए। तरुणी तरुणी की ही मुखर रागिनी से जैसे दिशाएँ मधुर-मधुर गूँजती रहीं। सेविकाएँ निश्चल गति-वादन-एकता में डूबीं। व्यथापूर्ण मादक देश की मीड़ें, तान आदि, युगल प्रेमियों के प्राणों में क्या काम करती थीं, वर्णनातीत है। प्रायः आधी घड़ी तक गति बजती रही। ताल पर वीणा बन्द कर, ध्यान में डूबी प्रभावती कुछ काल तक बैठी रही। आसव और राग का रग-रग में मधुर उन्माद भरा था। कुमार क्षीण वीणा-स्वर और नुपूर-निक्वणों से मिले अपने हृदय के ही सान्द्र रव-जैसे मृदंग के जलद-मन्द्र से तृप्त होकर निकले। प्राणों में सुरा का समररंग।

यमुना ने दोनों को फिर पान दिए। कुछ देर तक मौन रहकर प्रभा ने यमुना को गाने के लिए कहा। ध्वनि में संकोच था। आप ही आप आज यमुना 'तू' से 'तुम' के आसन पर चढ़ गई है। आज वह वैसी तुच्छ होकर निकटवर्तिनी नहीं; राजकुमार के दिए सम्मान की मौन प्रेरणा और कार्यों के ममत्व ने उसे उच्च कर दिया है।

यमुना ने प्रभा को ही पहले गाने के लिए कहा। क्योंकि आज की सभा उसी के हाथ है, इसलिए नेतृत्व उसे ही लेना चाहिए। ज्यों-ज्यों

यमुना समझती गई, प्रभा को संकोच जकड़ता गया। राजकुमार कुछ कह नहीं सकते, क्योंकि यमुना को 'आप' कहना पड़ेगा। बार-बार देखकर रह जाते हैं। कभी यमुना का गाना सुना न था, वे गाती भी बहुत अच्छी होंगी, सोच-सोचकर मन से उत्सुक हो रहे थे। जैसे समझकर यमुना बोली, "मेरे नकटे-दादरे पहले हो जाएँगे, तो आपकी बहार जो बिगड़ जाएगी, इसके बाद न हो, लीपे-पोते में करवट कर लिया जाएगा, तब तक दो-चार बढ़िया-बढ़िया ब्याहवाले गीत गाइए। जिसका ब्याह, वही गावनहार, मुझे बहुत अच्छा लगता है।" राजकुमार सिर गड़ाकर मुस्कुराए। प्रभा मुस्कुरा दी—न रहा गया। जैसे संकोच दूर हो गया। एक स्वतन्त्र आनन्द की धारा बहने लगी। सिमटकर वीणा उठा ली। कुमार ने मृदंग गोद पर रख लिया। प्रभावती स्वर झंकारें भरती रही; फिर एक चौताल और एक झप गाया। तीन ताल की भी दो चीजें हुईं। सभ्य सँभले गले पर राजकुमार मुग्ध हो गए। पुनः कुछ देर विश्राम रहा। फिर यमुना को गाने के लिए प्रभा ने कहा। नुपूरों के गुच्छे पास की सेविका को देकर स्थिर होकर यमुना खिंची तीन ताल की बागीश्वरी गाने लगी—मृदंग की लहरों पर मात्रा-मात्रा से रागिनी बह-सी चली। प्रभा स्वर भरती रही। सेविका ताल-ताल पर नुपूरों के गुच्छे हिलाती रहीं :

'किहि तन पिय-मन धारों?—री कहु
उठत न दृग लखि, पग डगभग, सखि,
किमि निज सुगति सँवारों?—री कहु
मौन पौन में डसत बिखयधर;
फैलति ज्वाल, होत तन जरजर;
सबद सुनत काँपत हिय थरथर,
किमि सर खर निरवारों?—री कहु'

गीत समाप्त कर, देर हुई जान, यमुना ने दोनों से भोजन कर लेने की प्रार्थना की। कुछ विश्राम भी जरूरी है, समझाकर दोनों को नीचे ले गई। आसनों पर बैठाल भोजन और पान मँगवाकर कुछ सुरा दोनों को और पिलाई। भोजन के समय अनेक प्रकार के प्रेमालाप सुनाती रही—आज की रात, कहते हैं, आज पति-पत्नी को सोना न चाहिए—अवश्य सोना सम्भव नहीं, इसलिए कहा गया है, क्योंकि तमाम रात भी बातचीत के लिए पूरी नहीं पड़ती—आदि-आदि।

भोजन के पश्चात् दोनों के हाथ धुलवाकर पान खिला दिए। फिर खिड़कियों के दूसरे पर्दे खिंचवाकर अपना तथा दासियों का भोजन छत पर मँगवा लिया।

नाव बहती हुई प्रायः आठ कोस का फासला पार कर गई। भोजन समाप्त कर अपनी-अपनी बारी से पतवार सँभालने तथा सिरा देखने के लिए यमुना ने दो-दो दासियों का समय नियत कर दिया। छत पर यमुना के इधर-उधर फिसफिसाती हुई विश्रामवाली सेविकाएँ सो रहीं।

रात का पिछला पहर आ गया। यमुना सचेत पड़ी दूर-दूर की कल्पना में लीन है। कुछ-कुछ ठंडक पड़ रही है। सब गर्म वस्त्र ओढ़े हुए हैं। इसी समय कुछ दूर पर मोड़ से फिरी बड़ी नाव आती हुई देख पड़ी। सामने और पीछे की दोनों दासियों ने कहा, कोई बड़ी नाव आ रही है। यमुना उठकर बैठ गई। गौर से देखने लगी। सामनेवाली दासी ने कहा, "सुबह के धोखे में जल्द खोल दी होगी या मल्लाहों ने सोचा होगा, ठंडे में गुन खींचकर दलमऊ में आराम करेंगे।"

नाव नजदीक आ चुकी थी। यमुना नीचे उतर गई। द्वार से 'कुमारजी' कहकर प्रभा को आवाज दी। प्रभा जग रही थी। राजकुमार भी जगते थे। प्रभा ने बुलाया। उठकर बैठ गई। राजकुमार भी बैठ गए। यमुना ने कहा, "एक नाव आ रही है। मुझे जान पड़ता है, बलवन्त की नाव है।"

प्रभावती निकलकर देखने लगी। नाव बहुत करीब पहुँच चुकी थी। राजकुमार छत पर चले गए।

"यमुना!" प्रभा यमुना को पकड़कर रो दी।

"छिः! कोई हिम्मत हारता है? मैं समझ गई, जल्द भारी गहने उतार डालो—नाव दाहिने करो जहाँ तक हो,"—यमुना ने पतवारवाली को आवाज दी, "वे दाहिने से गुन खींचकर आ रहे हैं," प्रभावती को समझाया, "मौका अच्छा न जान पड़े, तो कूदकर तैर जाना, कुमार के लिए चिन्ता नहीं," धीरे-धीरे जल्द-जल्द यमुना कहती गई, "हाँ, पिताजी साथ होंगे।" प्रभावती जल्द-जल्द गहने उतार रही थी। नाव आ पहुँची, "कौन है?" आवाज आई। धीरे-से एक खिड़की से प्रभा के गंगा में बैठने का शब्द हुआ। ध्यान लगाए यमुना और दासियों ने सुना। राजकुमार किनारे बिस्तर के नीचे से अस्त्र निकाल रहे थे। नाव भी आनेवाली नाव के काफी बाएँ हो चुकी थी। पूछने के साथ

ही बिना यमुना की सलाह कुमार ने कह दिया, "देवकुमार लालगढ़।" प्रभा डुबकी लगाकर दूर निकली, चित्त होकर जरा साँस लेकर फिर डुबकी लगाती गंगा पार करने लगी।

कुमार ने देखा—बलवन्त सिंह सामने खड़ा है। "अच्छा दोस्त!" बलवन्त ने ध्वनि में गुस्ताखी की। बलवन्त लालगढ़ के खिलाफ था। कुमार की आँखों में क्रोध आ गया। सजी नाव अपना परिचय दे रही थी—यमुना बलवन्त का इशारा समझ गई, ऊपर कुमार की बगल से कहा, "और तुम्हारी बहन साथ हैं।"

"बाँदी!"

"नीच कुल-कलंक!" यमुना ने भाला मारा। बलवन्त बैठ गया। पीछे खड़ा सिपाही बिंधकर गिर गया। "खबरदार कुमार, मैं जाती हूँ; पार जाने तक, किसी को बढ़ने न देना। सखी सती होंगी या तुम्हें छुड़ाएँगी। वे पिता से बचने के लिए गई हैं। लो तीर-कमान," कहती यमुना कूद गई। कुमार ने यमुना पर चलाया भाला रोका। बात कहती, वार से पहले यमुना कूद गई थी। 'पकड़ो,' बलवन्त ने आवाज दी। पर वह कहीं उमड़ी हुई न देख पड़ी। तैयार कुछ लोग बाईं ओर देखते रहे। कुमार ने आवाज के साथ ही दूनी गरज से कहा, "बलवन्त, यहाँ हम अकेले हैं, पर वीरसिंह को तुम अच्छी तरह जानते हो।"

'मारो।' कई वार एक साथ हुए। कुछ सँभाले, कुछ न सँभले, अकेले यमुना देवी को पार जाने तक न बचा सके। कई चोटें खाकर कुमार मूर्छित हो गए।

नाव को बलवन्त ने अपने अधिकार में कर लिया। महेश्वरसिंह के सामने दासियों के बयान सुनकर क्षोभ से जल गया। महेश्वरसिंह भी अत्यन्त रुष्ट हुए। पर उपाय न था। नाव अब तक दूर निकल आई थी। पार जाकर प्रभावती जंगल में छिप गई होगी, सोचकर चुप हो गए। दिल धड़क रहा था। बलवन्त बड़े गर्व से उन्हें देख रहा था, जैसे उनके अपराध की क्षमा न हो। कुमार देव बन्दी अवस्था में नीचे मूर्च्छित लिटा दिए गए।

यमुना कूदकर, डुबकी लगाकर किनारे की तरफ नहीं गई। सीधे बलवन्त की नाव की तरफ गई। बलवन्त की नाव इतनी निकट थी कि वह एक डुबकी से नाव के पीछे पहुँच गई। यह स्रोत के अनुकूल

जाना था। उसने सोच लिया था कि इतने निकट से कटकर पार के लिए जाएगी, तो कुमार बचा न सकेंगे–बलवन्त की नाव के कुछ ही फासले से होकर जाना होगा; मुमकिन है, पकड़ जाए। यह सब क्षणमात्र में सोचकर बलवन्त की नाव की बगल में, पतवार के पास निकली और धीरे से पतवार का सहारा लिए साथ चलती रही। जब कुमार घायल और गिरफ्तार हो चुके, प्रभावती की नाव पास के लट्ठे में बाँध दी गई, दासियों के बयान हो चुके, तब एक बार सोचा कि कुछ दूर चलकर, नाव छोड़कर सावधानी से दलमऊ की तरफ जाकर और दौड़ती हुई, इस नाव के पहुँचने के पहले पहुँचे और महाराज को बचावे। पर प्रभावती की विवशता की याद आई। पतवार छोड़कर डूबकर बहती-तैरती हुई उसी किनारे जा चढ़ी।

सात

प्रभावती दूर बहकर लगी। जब किनारे आई, तब दोनों नावें एक साथ बँध चुकी थी। राजकुमार उठाकर ले जाए गए थे। यमुना का कोई निशान न था। दासियाँ दूसरी नाव पर थीं। देखकर शंका बढ़ी; किनारे-किनारे, कुछ पीछे रहकर चलने लगी। वस्त्र निचोड़ लिया था, देह के ताप से वह सूख चला था। ठंडक कुछ थी—नहा जाने पर अधिक हो गई, पर हृदय और मस्तिष्क में इतनी गरमी थी और स्थिति इतनी अस्वाभाविक कि जाड़े का स्वाभाविक बोध न रहा।

प्रभावती की इच्छा कुमार को छोड़ने की न थी, पर पिता की कल्पना कर वह विचलित हो गई। पिता के प्रति यदि पुत्री की दृष्टि वह अन्त तक न रख सके, तो अनर्थ होगा। पुनः पिता ऐसे पिता नहीं जो अपने राज्यार्थ को पुत्री के स्नेह-स्वार्थ के मुकाबले कमजोर होने देंगे; यदि बलवन्त ऐसी विवाहित अवस्था में भी, कुमार देव को नीचा दिखाने के अभिप्राय से, उसे स्वीकार करना मंजूर करेगा, और यदि पिता इस विवाह को विवाह करार न देकर उसको सम्प्रदान करना चाहेंगे तो उस अवस्था में आत्महत्या या वीर नारी की तरह

सती होना ही पथ होगा; पुनः बाहर बचने-बचाने की जितनी आशा है, उतनी बँध जाने पर नहीं; ऐसे अनेक प्रकार से युक्ति, भय और दबाव के कारण वह कुमार को छोड़कर कूदी थी। अब चलती हुई सोच रही थी कि अगर कहीं रह गई होती, तो कुमार के साथ दुःख में भी रहने का सुख प्राप्त हुआ होता। फिर बिगड़कर बदले के लिए तुलकर सोचने लगी। बलवन्त का बहुत शीघ्र युद्ध के लिए आह्वान न कर सकी, तो सारी शिक्षा व्यर्थ है; जिस तरह इसने दल-बल के साथ एकमात्र का अपमान किया है, इस तरह की कायरता से नहीं--बराबर की लड़ाई लड़कर ऐसी उधेड़बुन में चली आ रही थी। काफी दूर चली आई। नाव, कुमार, यमुना और बलवन्त की बातों में भूली थी—पैर आप उठते जा रहे थे; ऐसे समय यमुना सामने से आती हुई देख पड़ी। किनारे से प्रभा को आते हुए यमुना ने देख लिया था जब वह खुद किनारे लग रही थी, और प्रभा के लिए उसे परिश्रम न करना पड़ा, इससे आश्वस्त भी हुई थी।

यमुना ही इतनी देर तक मनःशक्ति से जल में रह सकी। किनारे चढ़कर कपड़े निचोड़े। अंग जकड़े जा रहे थे। धैर्य से बढ़ती गई। कुछ चलकर दौड़ने लगी।

आगे प्रभा मिली। "कुमार!" करुण स्वर से पूछकर लिपट गई।

"संयत होओ!" 'तुम' से प्रभा के प्राणों को यह पहली प्रिय सहानुभूति मिली। इससे उसके बड़प्पनवाला भाव दूर हो गया। राजकुमारी प्रेम के पथ पर उतना ही अधिकार रखती है जितना एक साधारण युवती, इस सम्बोधन की सहृदयता ने उसे समझा दिया और इस ज्ञान से उसकी गति विश्व की सभी गलियों में फैल गई, उसने यमुना की सहानुभूति में जो विस्तार देखा, वहाँ सबकुछ था—राजकुमार थे, यमुना थी और था छाँह में प्रेम का मधुर आलाप। केवल बड़प्पन न था, और जैसे इस अकृत्रिम सुख का कारण यही हुआ। प्रभा ने पलकें मूँद लीं।

यमुना बोली, "आगे सब बातें कहूँगी; सखी, जो कुछ हुआ, वह बड़ी चिन्ता का विषय नहीं। अभी हमें कुछ स्वस्थ हो लेना है। यहाँ से जल्द निकल चलना है, कल यहाँ बहुत गहरी खोज हो सकती है। चलो, कछार के पार बस्ती की ओर चलें।"

दोनों कछार पार करने लगीं।

"अब क्या होना चाहिए?" प्रभा ने पूछा।

"तुम्हारे पास अभी कुछ गहने हैं?"

"हाँ, जल्दी में सब नहीं उतार सकी, इन्हें फेंक दूँ?"

"नहीं, इनका होना अच्छा हुआ, हमें खर्च की जरूरत पड़ेगी। अब इधर का रास्ता तो बन्द ही है। दूसरी जगह से काम होगा। हाँ, आओ, गहने उतारकर साड़ी के एक छोर में, फाड़कर, बाँध लूँ, आवश्यक चीजें खरीदनी होंगी और ठिकाने तक पहुँचने का प्रबन्ध करना है।"

"कहाँ चलेंगे?"

"कान्यकुब्ज।"

प्रभा गहने उतारने चली। हारों का कवच उतार डाला था, पर कंठी बँधी रह गई थी। ऐसे ही बाहों में, नाक-कान और हाथों में गहने रह गए थे। यमुना एक-एक कर उतारने लगी। नाक का हीरा रहने दिया। कहा, "फिर जरूरत पर उतार डालना।"

"अब तो जी सँभल गया होगा; वहाँ क्या हाल रहा—राजकुमार कहाँ हैं?"

दोनों चलती जा रही हैं। प्रभा आग्रह से भरी हुई। यमुना ने एक गहरी साँस ली।

"नहीं, इस ओर से जाना ठीक नहीं। तुम्हारी साड़ी बहुत भड़कीली है। लोगों को शंका होगी। कल खोज हुई, तो पकड़े जाने की सम्भावना है। फिर इधर साधारण गाँव है। सवारियाँ मिलें, न मिलें। यहाँ हीरे भी कैसे बिकेंगे? थोड़ा-बाड़ा खर्च, मंजिल-दो मंजिल का रथ-रब्बे का किराया कैसे दिया जाएगा? हमें उतरकर किनारे से चलना चाहिए। आगे कोस-भर में नाव-घाट होगा। ज्यादा किराए पर नाव करके प्रयाग चलें। रास्ते में एक हीरा बेच लेंगे।"

यमुना लौट पड़ी प्रभावती के साथ-साथ यन्त्र की तरह, "तू मेरी बात का जवाब नहीं देती।" स्नेह की रुखाई से पूछा।

"देखो, सवेरा होता है। अब ये बातें न करो। कुमार के लिए चिन्ता न करो। कह दिया, वे बन्दी कर लिए गए हैं। हमारा काम है, उन्हें जहाँ तक जल्द हो, छुड़ावें।"

कुछ देर प्रभावती मौन रही। फिर कहा, "यमुना! आज तुझे ऐसा देखा कि जितना समझा था, सब बदल गया। पहले तू ऐसा न बोलती थी!"

"तुम्हारी शिक्षा इतनी नहीं हुई कि तुम मुझे पहचान सकतीं। तुम बड़े घर की थीं, पर छोटे ही घरों के लोगों ने तुम्हें कुछ सिखाया है। जिन्हें बदले में अर्थ देकर अपने को तुमने बड़ा समझा, मन-ही-मन उन्हें दबाया, मैं वैसी ही छोटी हूँ, पर तुमसे अधिक पढ़ी हूँ और अधिक शक्ति रखती हूँ, यही तुम्हें समझना था, मैंने आज समझा भी दिया; तुम्हारी शिक्षा को मुझे पूरा करना है, जैसे कहूँ, करती चलो; मुझे तुम प्राणों से प्रिय पहली सखी मिलीं। जिन देवी यमुना को तुम प्यार करती हो, उन्हें मैं भी करती हूँ। तुमने उन्हें नहीं देखा, मैंने देखा है। हमारे लिए उनकी शिक्षा बड़ी गहन है। मैं तुम्हें बताती रहूँगी। फिलहाल चुप रहो।"

प्रभा पैरों से लिपट गई, "सखी, मुझे क्षमा करो। मेरा इससे बड़ा उपकार कौन करेगी? मेरे लिए तो तुम्हीं यमुना देवी हो। मैं छोटों से घृणा नहीं करती। क्षमा करो, स्वाभाववश जो कुछ कहा हो।"

यमुना ने प्रभावती को उठा लिया। कहने लगी, "हमारी जाति, धर्म और देश की रक्षा की जो समस्या पुरुषों के सामने है, वही हमारे सामने भी है। आज क्षत्रिय अपने दर्प से आप चूर्ण हो रहे हैं। बार-बार बाहरी घात होते जा रहे हैं, पर उन्हें सँभालकर उलटा जवाब वे नहीं दे सकते। महाराज पृथ्वीराज अवश्य इस प्रतिरोध-वीरता के लिए सक्षम हैं, पर वे भी राजनीति विशारद नहीं। मेरे गुरुदेव उनका समर्थन नहीं करते। उनमें बहुत बड़ी रुक्षता है। वीर कैमास को मारकर उन्होंने बड़ी ही घृण्य कृत्य किया है। वीर-वरेण्य सिर्सा सरदार मलखान को घेरकर अनुचित रीति से उन्होंने मारा। महोबे के ऊदल और ब्रह्मानन्द आदि वीर उनके इसी अनौचित्य को न सह सकने के कारण, अल्पसंख्या में बड़ी शक्ति का विरोध करके भी, विजय पाते हुए, डरपोक परमाल के भाग जाने से भगी सेना से निस्सहाय होकर मारे गए। यदि पृथ्वी चाहते, तो इन वीरों से स्नेह-सम्बन्ध जोड़ सकते थे। पर सम्पूर्ण दोष उनका भी नहीं। कान्यकुब्ज से पृथ्वी और भीमदेव का बड़ा जटिल सम्बन्ध हो गया है। महोबा कान्यकुब्ज का करद-मित्र था। क्षत्रियों में स्पर्धा से दबाने का जो भाव बढ़ा हुआ है, यह उन्हें ही दबाकर नष्ट कर देगा; यह प्राकृतिक सत्य है; मेरे गुरुदेव कहते थे, मुझे भी वह सत्य जान पड़ता है। वर्णाश्रम-धर्म की प्रतिष्ठा में बौद्धों पर विजय पानेवाले क्षत्रिय कदापि इस धर्म की रक्षा न कर

सकेंगे; क्योंकि साधारण जातियाँ इनके तथा ब्राह्मणों के घृणाभावों से पीड़ित हैं। ये आपस में कटकर क्षीण हो जाएँगे। तब जो शक्ति बढ़ी हुई देख पड़ती है, वह विजय प्राप्त करेगी। हमारे यहाँ मुसलमानों के अनेक हमले हो चुके हैं। वे विजयी भी हुए हैं। उनका हौसला बढ़ गया है। आश्चर्य नहीं, हिन्दू संस्कृति पर मुसलमानों की विजय हो। उनमें हमसे अधिक एकता है। फिर हमारे लिए कौन-सा धर्म रह जाता है? क्या हम चुपचाप अपने ऐसे पुरुषों का अनुकरण करती रहें? मैं ऐसा नहीं समझती, यह ठीक है कि हमारी न चलेगी; पर तो भी हमें अपने लिए सचेत होना है। सती-धर्म स्त्री को पवित्र करता है। जिससे प्राणि-मात्र प्रीत हो, गुरुदेव कहते हैं, वह सती ब्राह्मण है; जिससे समस्त जाति प्रीत हो, शक्ति पाये, वह क्षत्राणी। हमें प्रजा की सेवा के लिए अपना सर्वस्व दे देना होगा—मन, बुद्धि, चित्त, अहंकार और स्थूल शरीर से, इस क्षात्र ईर्ष्या में अमृत सींचकर प्रजा की प्रीति लेनी है, उन्हें जीवन देकर आदर्श सिखलाना है, फिर ईर्ष्यादग्ध या वीर-गति प्राप्त पति की चिता में जलकर पति-ब्रह्म में लीन होना, इस एक उद्देश्य के अनेक कार्य हैं। कुछ सीखकर तुम्हें जीवन में परिणत करना तो है।"

हृदय में एक प्रकार बल पाती हुई प्रभा साश्चर्य यमुना को देखती विचार करती चली। धूप फैलने लगी। कुछ दूर पर नाव-घाट देख पड़ने लगा।

आठ

वह और ही युग था। एक ओर गाँव में गरीब किसान छप्परों के नीचे, दूसरी ओर दुर्ग में महाराज धन्य-धान्य और हीरे-मोतियों के भरे प्रासादों में, फिर भी उन्हीं के पास फैसले के लिए—न्याय के लिए जाना और उन्हें भगवान का रूप मानना पड़ता था।

ब्राह्मणों ने यह शिक्षा दी। यदि राजा दरिद्र को भगवान् का रूप न मानता—उसके लिए अपना सर्वस्व न देता, तो कौन-सी हानि होती मालूम नहीं, पर अधीन दरिद्र की ओर से हुई इस त्रुटि का फल मालूम है—राजा अपनी अपूर्व भगवद्भक्ति के प्रमाण के रूप में उसे साकार से निराकार तत्त्व में लीन कर देता था।

इससे वेतन पाने न पानेवाले दरिद्र सभी देशवासी उसके सिपाही थे। राज-भक्ति के प्रदर्शन में उन्हें लड़ना पड़ता था। उधर जरा-जरा-सी बात पर लड़ाई क्षत्रियत्व की सूचना दी। देशवासियों को, यहाँ तक कि किसानों को भी हल की मूठ छोड़कर भगवद्धर्म का पालन करना पड़ता था।

गाँव में वर्णाश्रम धर्म की धाक थी। राजवंश के क्षत्रियों को

छोड़कर और सभी जातियों को चाहे वृद्ध की बगल से बच्चा आ निकले, यदि ब्राह्मणवंश का हो, चारपाई छोड़कर उठना पड़ता था, गाँवों में दिन-भर यह कसरत जारी रहती थी।

राजनीति सब समय एक-सी है। राजा या राज्य की ऐश्वर्य-सत्ता का भोग करनेवाले कभी वृहत् अंश साधारण की भलाई के लिए नहीं छोड़ सकते। यह भोग अपनी सार्वकालिका महिमा में एक-रूप है, परिवर्तन भोग के उपायों में हुए हैं। यहाँ व्यक्तिवाद भी है। शक्ति का विकास होने पर दूसरे अशक्तों से मनुष्य भिन्न हो जाता है। यह भिन्नता समाज, शासन और अध्यात्म में सब जगह, बड़े-बड़े मनुष्यों में प्रत्यक्ष होती है। पर किसी समय यह कुछ दूर तक सह्य होती है, किसी समय सम्पूर्ण असह्य। उस समय भारत जिस भिन्नता में था, वह साधारण जनों को आत्मा से असह्य थी। जिस तरह वनों के प्राण शून्य में प्यासी पुकार भरते हुए वारिवर्षण कराते हैं, उसी तरह भारत की जनता को मौन करुणा-ध्वनि ने दूसरी-दूसरी सत्ताओं को शासन के लिए बुलाया। संसार के सभी अधिकार उच्च-से-उच्च होकर बुराइयों से भरकर चूर्ण-विचूर्ण हो गए हैं। क्षात्र-शक्ति के लिए यह जरूरी हो रहा था। चिरकाल से क्षत्रियों की युद्ध-ज्वाला भारत को दग्ध कर रही थी। कृषि, जनपद तथा जीवन अकारण युद्ध के कारण नष्ट हो रहे थे। साधारण जनों के दृश्य बड़े करुणोत्पादक थे। उन दृश्यों की छाया आज भी है, पर आज पतितों के उन्नत होने की माया महत्त्व रखती है। इसी तरह एक महत्त्व के बिना किसी शासन की प्रतिष्ठा नहीं होती—यही, दोनों के प्राणों को पुकार के अनुकूल मिला आश्वासन या खाद्य है।

समान धर्मवालों का मैत्री-सम्बन्ध में बँधना स्वाभाविक नियम है। कान्यकुब्जेश्वर के सरदार भी एक-एक गोष्ठी में बँधे थे। प्रायः पास-पड़ोस के रहनेवाले, एक-एक, दो-दो दुर्गों के मालिक आपस में मिले रहते थे। इनकी तकरार भी इन्हीं में होती थी। तब इनमें भी दो दल हो जाते थे या दो दलों में वैमनस्य चलता था, कुछ तटस्थ रहते थे। मार-पीट, लड़ाई-दंगे यहाँ तक कि युद्ध भी होते थे। न बड़े राजाओं को युद्ध से फुरसत थी, न इन्हें। ऐसा ही गाँव-गाँव तथा टोले-टोले में था। खासतौर से सुनाई भी न होती थी। महाराज अपने लड़े हुए सरदारों की इसलिए न सुनते थे कि उन्हें कर तथा सम्मान,

दोनों ओर से मिलता रहता था। उनके स्वार्थ में बाधा न लगती थी, फलतः ऐसे झगड़ों का आपस में फैसला होता था, या पुश्त-दर-पुश्त शत्रुता चलती थी, या महाराजा के कान भरकर बदला चुकाने की सोची जाती थी। कोई बड़ी बात हो जाने पर अधिक सरदारों के रुख देखकर महाराज साधारण न्याय करते थे। दलमऊ और लालगढ़ का वैमनस्य ऐसा ही बहुत साधारण था। दलमऊ के सरदार ने कान्यकुब्जेश्वर के यहाँ बलवन्तसिंह की पृष्ठपोषकता की थी—लालगढ़ेश के विरुद्ध गवाही दी थी, यमुना और वीरसिंह के मामले में, बलवन्तसिंह से मैत्री-सूत्र सुदृढ़ करने के लिए और अपनी तरफ लालगढ़ के सीमान्त के एक दूसरे सरदार को लेकर पक्ष पुष्ट करने के लिए। बलवन्तसिंह का बढ़ता राज्य-सम्मान भी पक्ष-ग्रहण का एक कारण था। एक प्रकार लालगढ़ के दो सीमान्त में दो शत्रु थे। प्रभावती का बलवन्त से विवाह करके महेश्वरसिंह चाहते थे कि साधारण-सा कारण भी मिले, तो सम्मिलित शक्ति से बदला चुका लें। इसी बीच यह वैवाहिक अनर्थ हुआ। बलवन्तसिंह कुमार देव पर अधिक अत्याचार न कर सकता था, कारण लालगढ़ से उसका पहला वैमनस्य साबित था। उसने सोचा कि देवसिंह को कैद में रखकर महेश्वरसिंह से ऐसा साक्ष्य दिलवाए कि वे अपनी कन्या प्रभावती का उसी से विवाह करना चाहते थे। देवसिंह को पता चला तो उसने महेश्वरसिंह तथा बलवन्तसिंह को पहले के वैमनस्य के कारण नीचा दिखाने के लिए बलात् प्रभावती से विवाह कर लिया। इस विवाह से दो सरदारों की इज्जत इसने धूल में मिलाई; देखकर, मूँछों पर ताव देता हुआ चलेगा, तो यह एक बराबरवाले के लिए कैसे बरदाश्त कर जाने की बात होगी—ऐसी और-और बातें भी सोचीं, ताकि फैसले में लालगढ़ की जो बेइज्जती हो, थोड़ी और मार-पीट हमलेवाली बात दब जाए, बल्कि देव का ही चढ़ जाना साबित हो। यह निश्चय कर देव को अपने यहाँ स्थल-मार्ग से ले जाने का निश्चय किया।

नाव पर विवाह के साक्ष्य मिल चुके थे, दासियों ने जो-जो कुछ देखा था, कह दिया था; यह मालूम हो चुका था कि प्रभावती बचने के विचार से नाव से कूदी थी। ऐसी बही हुई लड़की का बह जाना अच्छा—घृणापूर्वक सोचकर महेश्वरसिंह ने बड़े मित्र-भाव से बलवन्तसिंह से उसके सम्बन्ध में आगे का कार्यक्रम पूछा। बलवन्तसिंह ने यह

सलाह दी कि पिता की आज्ञा न माननेवाली लड़की की मनुष्य द्वारा कोई सजा नहीं हो सकती, पिता के लिए यह उचित है कि उसकी सदा उपेक्षा करे, कभी भी आश्रय न दे।

कुमार देव काफी जख्मी हो चुके थे। कई सिपाहियों के पहरे में बन्दी थे। बार-बार होश में आकर बेहोश हो रहे थे। रक्त-स्राव अभी तक बन्द न हुआ था। कोई मरहम-पट्टी भी न हुई थी।

दिन एक पहर होने से पहले ही सब लोग दुर्ग पहुँच चुके थे। बलवन्त का जोरदार आतिथ्य हो रहा था। नाव के सब लोग गत प्रसंग से मौन थे। अभी शहर में अच्छी तरह खबर न फैली थी। महाराज शिवस्वरूप प्रातः कृत्य से निवृत्त होकर कसरत में जुटे थे जब महेश्वरसिंह वगैरह आए थे; उन्हें नाली में दंड करते हुए पचास-पचास के बाद कितनी गोटें सरकाईं, यह भी न मालूम था। इसी समय दुर्ग के भव्य कक्ष में बलवन्त के पास बैठे हुए महेश्वरसिंह को दासियों की बताई महाराज शिवस्वरूप की बात याद आई। अपने खवास को कुछ प्रश्न पूछ आने के लिए भेजा। यह भी बलवन्त को खुश करने की एक उद्‌भावना थी। आत्मप्रसाद पा बलवन्त ने सीना कुछ तानकर गर्दन उठाई।

खवास के दरवाजे पर 'शिवस्वरूप महाराज हो' की आवाज लगाई। महाराज दूसरों की निगाह से बचकर दहलीज में दंड कर रहे थे। यजमान आया जानकर गर्व से एक उँगली से माथे का पसीना काँछते हुए बाहर आए। घोड़ा बाहर ही बँधा हुआ था। खवास को देख कुछ खिंचे।

खवास ने गर्व से पूछा, "रावजी पूछते हैं, कल कौन तुम्हारे यहाँ आया?"

"हमारे यहाँ कल पच्चीसों यजमान आए—कुछ गाँव के, कुछ जात्री।"

"शाम को भी कोई आया था?"

"दुपहर लौटे हम निकले तो गेगासों से पहर रात गए घर आए।"

"यह घोड़ा किसका है?"

"हमारा; मनवा के राजा ने बाप की बैतरनी में दिया है।"

खवास मुस्कुराता लौट गया। महाराज को शंका हो गई। दौड़े किनारे गए। संक्षेप में हाल मिल गया।

फाटक से होता हुआ खवास महेश्वरसिंह के सामने आकर खड़ा हुआ। उस समय एक दूसरी बातचीत चल रही थी। खत्म होने पर महेश्वरसिंह ने पूछा। नौकर यथाक्रम प्रश्नोत्तर कहता गया। महेश्वरसिंह और बलवन्तसिंह का क्रोध बढ़ता गया। अन्त में बड़े कष्ट से हँसी को रोककर खवास ने घोड़े के मिलने का कारण कहा। बलवन्त के बदन में आग लग गई। मनवा के राजा का इससे बढ़कर अपमान न हो सकता था। महाराज शिवस्वरूप को सिर्फ मनवा का नाम मालूम था, वहाँ बलवन्त राज कर रहे हैं या ज्ञानवन्त, वे न जानते थे; उन्होंने अपनी समझ से काफी दूर के राजा का नाम बताया था। महेश्वरसिंह तथा कुछ सिपाहियों को साथ लेकर गुस्ताख को सजा देने के लिए बलवन्त महाराज के मकान को चले। मन में सोच रहे थे कि ब्राह्मण अवध्य है, उसे क्या दंड दिया जाना चाहिए। दान लेनेवाले ब्राह्मण की यह तेजी महेश्वरसिंह को अक्षम्य जान पड़ी। यह उनका भी अपमान था। खवास रास्ता दिखाता हुआ लिए जा रहा था। दरवाजे पर पहुँचकर देखा, द्वार बन्द थे, वहाँ कोई न था।

माता को किनारे से होकर (यजमानों के) गाँव रहने की सलाह देकर उसी वक्त घोड़ा सजाकर पाई-पूँजी-समेत महाराज लम्बे पड़े थे।

नौ

जहाँ भारत के राजा पारस्परिक विरोध में पागल थे, वहीं कमजोरियों को समझने के लिए मुहम्मद गोरी तत्पर हो रहा था। सारे देश में उसने डेरे डाल रखे थे। गुप्तचरों का जाल बिछा रखा था। कोई खंजर बेचता हुआ खबर पहुँचा रहा था, कोई दूसरी तरह खरीद-फरोख्त करता हुआ, कोई ऊँट और कोई घोड़े बेचता हुआ—जो शाहवाले घोड़ों से कमजोर नस्ल के होते थे, कोई केसर लिए हुए, कोई कच्ची तलवारें तथा अन्यान्य वस्तुएँ। किसकी कितनी सेना है, युद्ध कौशल कैसे हैं, किस-किस राजा की आपस में मैत्री है, आचार-व्यवहार कैसे हैं, जनता के लिए राजा क्या-क्या भाव रखते हैं, प्रजा प्रसन्न है या पीड़ित, पूरे ब्यौरे के साथ ये खबरें शहाबुद्दीन के पास पहुँच रही थीं। कई बार हार खाकर भी वह ज्यों-ज्यों यहाँ की बिगड़ी राजनीति का अध्ययन करता जा रहा था, उसे विजय की आशा बँधती जा रही थी। पंजाब से सिन्ध तक उसका राज्य-विस्तार हो गया था। पर भारत के किसी भी दूसरे प्रदेश के राजा को यह बुरा नहीं लगा, किसी ने इसके लिए मुहम्मद के विरोध की चर्चा नहीं की। सब अपनी ही सीमा को

स्वाधीनता की हद मानते थे, धर्म का भी बुरा हाल था। मुहम्मद ज्यों-ज्यों सोचता था, उसकी दृष्टि में आशा के रंगीन फूल त्यों-त्यों खिलते जाते थे—हृदय का रुद्ध प्रवाह वेग से भारतधरा को प्लावित करने के लिए बह चलता था, इस्लाम की दूर-दूर तक फैली महाशक्ति का विश्वास उसे बार-बार नए जीवन से बाँधकर भर देता था; उसके प्रयत्न पहले से और क्षिप्र गति धारण कर लेते थे; अर्थ-संग्रह और सैन्य-शिक्षा के लिए और दत्तचित्त हो जाता था।

इसी समय, कान्यकुब्ज से कुछ दूर, एक सुन्दर निर्जन स्थान पर, धीरसिंह धूनी रमाए बैठे हैं। पीपल की छाँह, इधर-उधर कुछ और वृक्षावली, सामने पक्का कुआँ—किसी धनी ने पथिकों के उपकार के लिए बनवाया है, दिन का तीसरा पहर, सुनहली धूप छनकर आती हुई, जैसे वृक्षाकृति तरुणियाँ नए कोपलों की वासन्ती, गुलाबी और लाल साड़ियाँ पहने रंग खेलने के लिए तैयार हों और प्रिय सूर्य की पिचकारियों से स्वर्ण मिश्रित, साड़ी के अनुरूप ही रंग, उन पर चल रहा हो—उनकी साड़ियाँ और चमक रही हों, और गलती-स्वर्ण-रेणुओं में हँसती, पलकें झुकाए, प्रेम की सुखद-मन्द समीर में अल्प-अल्प डोल रही हों। सामने सजा एक घोड़ा बँधा है। राजपरिच्छदधारी, शस्त्रास्त्रों से सुसज्जित, राज-पुरुष के तौर पर एक पच्चीस-छब्बीस साल का युवा स्वामीजी के सामने बैठा वार्तालाप कर रहा है। स्वामीजी की उम्र पैंतीस साल के लगभग होगी। सामने गीता की पुस्तक खुली रखी है। नक्शा हाथ में लिए देखते और उत्तर देते जा रहे हैं।

"फिर कहाँ जाना होगा, धीरसिंह?" राजपरिच्छदधारी युवा ने स्वामीजी से पूछा।

"अभी कहीं नहीं।" गम्भीर दृष्टि से नक्शा देखते हुए धीरसिंह ने कहा।

"क्यों?"

"उस पाख की तीजवाली जो चिट्ठी गुजरात और कान्यकुब्ज के रास्ते पकड़ी थी, वह हमारे महाराज के हक में बुरी थी। हालाँकि हमें तुम्हें भी कुछ न बताना चाहिए, पर तुम्हें सब राहें सुझा देना हमारा धर्म है जबकि तुम छोटे भाई की तरह सच्चे दिल से मिले। महाराज की तरफ से उस चिट्ठी का उत्तर हमें यहाँ मिलेगा। उत्तर मिलने की

तिथि लिख दी है।''

''धीरसिंह, तुम्हारे साथ कितनी बातें मालूम हुईं। अब मुझे हर एक मुसलमान व्यापारी पर शंका होती है। तुमने कितनों को मौत के घाट उतारा? अच्छा किया, नहीं तो भेद न खुलता। हमारा मतलब समझने के लिए कितने भेदिये लगे हैं?''

''हाँ, बहुत-सी खराबियाँ हममें पैठ गयी हैं। खैर, तुम पढ़ते जाओ, धीरे-धीरे समझोगे। हाँ, देखो, रामसिंह,'' धीरसिंह ने नक्शा एक बगल किया, रामसिंह झुककर देखने लगा, ''यही वह मुकाम है। जिस तिथि तक भीमदेव ने उत्तर पाने के लिए लिखा था—उत्तर अवश्य नहीं पहुँच सकता। उसके बाद वह दूसरा दूत रवाना करेगा। सम्भव है, दूसरे रास्ते से करे; यह भी कि अलग-अलग राहों से दो-तीन भेजे, पर... पर अब हमें पीछे न पड़ना चाहिए, पहली खबर तो मिल ही चुकी है, बाद वाली रोकी नहीं जा सकती, कुछ फायदा भी नहीं। अगर रोकने के लिए महाराज लिखेंगे तो चला जाएगा, कान्यकुब्ज के और-और लोगों को भी साथ ले लेंगे।''

''अच्छा, धीरसिंह!'' धीरसिंह के मुखातिब होने पर रामसिंह ने कहा, ''इस नक्शे के साथ तुम पकड़ जाओ तो?''

''तो क्या होगा? कहेंगे कि देश का मानचित्र साधुओं को रखना पड़ता है, इससे घूमने की सुगमता रहती है, और विद्यार्थियों को भिन्न देशों की ज्ञानप्राप्ति की सहूलियत होती है।''

''धीरसिंह!'' शंका के स्वर से रामसिंह ने कहा, ''वह एक सवार आ रहा है।'' दोनों निगाह उठाकर देखने लगे।

''तुम तैयार हो जाओ,'' धीरसिंह ने कहा, ''इस रास्ते आनेवाला हमारा अपना आदमी नहीं हो सकता—या तो गुप्तचर होगा या संवादवाहक। फंदा ठीक कर लो। न उतरा तो पीछे लगकर अवश्य पकड़ना।''

''कोई भला आदमी न हो!''

''भला आदमी हुआ, तो कुछ छीनकर छोड़ देना। समझेगा, डाकू थे। हरकारा हुआ, तो खबर मालूम होगी।''

''फिर यह जगह छोड़नी होगी, महाराज का हाल कैसे मालूम करोगे?''

''तर्क मत करो। रास्ता नहीं बन्द होता।''

रामसिंह तैयार हो गया। घोड़ा सजा था। बैठकर आगे के रास्ते धीरे-धीरे बढ़ाया। अगर आता सवार उतरकर स्वामीजी से बातें करता, तो स्वामीजी उससे समझते, बढ़ने पर आगे वह था।

सवार तेजी ने बढ़ता हुआ स्वामीजी को पार कर निकल गया। रामसिंह की बगल से निकला तो फन्दा डालकर फाँस लिया। घोड़े की चाल तेज होने के कारण वह गिर गया। घोड़ा कुछ कदम बढ़कर खड़ा हो गया। साधारण सिपाही था। घबराकर मिन्नतें करने लगा। रामसिंह ने परिचय पूछा। उसने प्रभावतीवाला हाल बतलाया और कहा कि बलवन्त और महेश्वरसिंह के पत्र कान्यकुब्जेश्वर के पास लिए जा रहा था। तब तक रामसिंह ने देखा कि उसी रास्ते में आगे धूल उड़ रही है। कोई आता है जानकर उससे पत्र लेकर कहा, ''उस दूसरी राह से सीधे वापस चले जाओ। घोड़ा बेचकर अपने मालिक से कहना कि डाकुओं ने लूट लिया है। रास्ते में चिट्ठियों का हाल किसी से कहा तो खैर न समझना।''

यह कहकर रामसिंह कन्नौज के रास्ते हवा हो गया।

दस

कुछ रत्न वहीं गंगा के किनारे एक पेड़ के नीचे यमुना ने गाड़ दिए थे। लुट जाने पर फिर सम्पन्न होने के विचार से। कुछ साथ लेकर चली थी। प्रयाग पहुँचकर सन्ध्या समय फिर ऐसा ही किया। कुछ ही रत्न खर्च के लिए ले लिए। एक पंडा के यहाँ ठहरी।

प्रभा के हृदय में तीव्र व्याकुलता थी। दिन-रात राजकुमार पर मन रखा रहता था। एकान्त में यमुना समझाकर शान्त कर देती थी।

प्रभा को पंडाजी के यहाँ छोड़कर यमुना राज-परिच्छेद, अस्त्र-शस्त्र तथा दो घोड़े खरीदने के लिए बाजार गई। एक नौकर प्रयाग में कर लिया था, वह साथ था। घूम-घूमकर घोड़ों का बाजार देखने लगी। इसी समय एक अनजाने आदमी को कुमार देव के जैसे घोड़े को लिए खड़ा देखा। चकित होकर इधर-उधर देखने लगी। कुछ दूर, राजकुमार की शिकार वाली पोशाक पहने महाराज शिवस्वरूप को खड़ा देखा। आश्चर्य बिलकुल नहीं, हर्ष अत्यधिक हुआ। कारण समझने में उसे देर न हुई। महाराज के बच जाने और दूसरी जगह विदेश में काम निकालने की बात सोचकर बड़ी खुश हुई। पहले

महाराज को अपना नौकर भेजकर डरवाना चाहा, पर बात फैल जाने की शंका कर खुद चली। महाराज कभी अपनी पोशाक देखते थे, कभी गर्व के साथ आकाश। इसी आकाशदर्शन के समय यमुना ने खोदकर कहा, ''क्या देखते हो?''

चौंककर महाराज एक चौक उछल गए। ऐसे घबराए, जैसे पकड़ लिए गए हों। उसी निगाह से देखा। फिर यमुना को पहचानकर वैसे ही खुश भी हुए। उँगली के इशारे बोलने को मना कर यमुना उन्हें एकान्त में ले गई। आने का कारण पूछा। महाराज ने भगने का किस्सा बयान कर प्रयाग में रिश्तेदार के यहाँ बचने के इरादे से आए हुए हैं, कहा। यमुना ने सोचा, इसी रूप में प्रभा के सामने पिछौड़ा खड़ा कर दूँ। सोचकर मुस्कुराई। फिर समय को देखकर अनुचित होगा, सोचकर आवाज में झिड़की देती हुई बोली, ''तुम यहाँ शिकार की पोशाक बाजार में पहनकर आए हो। लोगों को समझते हुए देर भी न होगी कि तुम चोर हो?''

महाराज घबरा गए। ''अरे भाई,'' कहा, ''हम तो रुआब में बचने के लिए आए थे।''

''लेकिन बच भी गए, तो कहाँ जाओगे?''

''अब तो तेरा ही सहारा है,'' कहकर देखने लगे।

''अच्छा, तो घबराओ मत। राजकुमारी यहाँ हैं। हमारे साथ रहो, भोजन पकाया करना।''

महाराज खुश हो गए। यमुना ने घोड़ा बेचने को मना कर दिया। फिर उन्हें साथ लेकर दो अच्छे घोड़े और शस्त्र-परिच्छेद आदि, साधारण तथा राजसी, प्रभा के लिए कुछ तरह के, खरीद लिए। फिर उन्हें प्रभा के पास ले गई।

उनका हाल मालूम कर, उन्हें रखकर प्रभा मुस्कुरा दी।

पूछने पर, जैसा सिखलाया गया था, महाराज ने यमुना के पंडाजी को अपने पूरे परिचय के साथ अपने यजमान का अधूरा परिचय बतलाया और अपने रिश्तेदार को वैसा ही समझाकर, प्रभा के पास आ गए।

शाम को यमुना गाड़ी रकम उखाड़कर नौकर तथा पंडाजी को पारिश्रमिक, दान, पुरस्कार आदि देकर, तैयार हो गई। राजकुमार का घोड़ा और परिच्छदवर्म आदि प्रभा के लिए महाराज से खरीद लिया,

प्रभा ने वही पोशाक पहनी और उसी घोड़े पर सवार हुई। खरीदे हुए अनुरूप परिच्छद महाराज और यमुना ने पहने और अपने-अपने घोड़े पर सवार हुए। सुबह होते-होते एक साथ प्रस्थान किया।

एक जगह रात को स्वल्पमात्र आराम कर तेज घोड़े बढ़ाते हुए यमुना के इच्छित मार्ग से जा रहे थे। सबसे पीछे होकर, धीरे-धीरे घोड़ा बढ़ाते हुए बाईं कलाई के पेंचदार पोल कंकण का मुँह खोलकर यमुना ने एक चिट्ठी निकाली और पढ़कर, उसी तरह रखकर फिर घोड़ा बढ़ाया। इधर-उधर देखती, कुछ समझने की कोशिश करती जा रही थी। दूर से कुआँ, पेड़ और परिस्थिति देखकर सवारों को वहीं रुकने के लिए आवाज दी। पास पहुँचकर प्रभा तथा महाराज से बोली, "ठिकाने पर पहुँचने से पहले महात्मा के दर्शन हुए, यह शुभ लच्छन हैं। हमें कुछ देर यहाँ ठहरकर चलना चाहिए।"

भाषा पर प्रभा मुस्कुराकर घोड़े की चाल धीमी करने लगी। महाराज गम्भीर होकर बोले, "तू ठीक कहती है। अब सब सिद्ध है।"

स्वामी धीरानन्द की धूनी करीब आ गई। सवारों ने घोड़ों को रोक दिया। उतर पड़े। यमुना ने अपने घोड़े की लगाम डाल से बाँधकर थामे खड़ी प्रभा के घोड़े की भी लगभग बाँध दी। महाराज भी निवृत्त होकर यमुना की बगल में हाथ जोड़कर खड़े भक्तिभाव से स्वामीजी को देखने लगे। स्वामीजी एकाएक यमुना को देख रहे थे। आवेश में जैसे उठकर खड़े हो गए। यमुना भी आवेश में थी। प्रणाम की याद न रही। प्रभा यमुना का अनुगमन करने के विचार से मौन, पक्ष्मल आँखें झुकाए खड़ी रही।

होश में आ यमुना बोली, "सखी, स्वामी को माथा टेककर परनाम करो और मन चाहे हुए वर की कामना करो।" उसी वक्त महाराज से कहा, "महाराज, इस भेष की महिमा है। आओ, हम लोग भी स्वामीजी को दंडवत करें—दुखिया हैं, महात्माजी की किरपा का सहारा है।" यमुना ने सिर टेककर प्रणाम किया। सिर में धूल लगी रह गई। महाराज दोनों हाथ फैलाकर पेट के बल लम्बे हो दंडवत् करने लगे।

फिर उठकर धूल झाड़ने लगे, देख-देखकर स्वामी मुस्कुराते रहे। तीनों धूनी के सामने बैठ गए।

रामसिंह कुछ दूर आगे बढ़कर आते हुए सवारों के निकल जाने की प्रतीक्षा करने लगा। पर बड़ी देर हो गई, वे न निकले। कई थे।

स्वामी जी अकेले। शंका की कोई खास बात न होने पर भी, क्योंकि विरोधी शक्ति को प्रबल देखने पर स्वामीजी, स्वामीजी बने रहेंगे और उधर से उपद्रव की सम्भावना भी नहीं सोचकर रामसिंह से लौटे बिना रहा न गया। वे पत्र भी स्वामीजी को दिखाने थे यद्यपि उनमें अपने काम की कोई बात न थी।

प्रभा, यमुना और महाराज से कुछ परिचय पूछे बिना स्वामीजी लगातार भगवद्धर्म और भागवत का व्याख्यान करते जा रहे थे। महाराज मुँह फुलाए स्वयं अवांगमनसोगोचरम् हो रहे थे; यमुना स्वामीजी की भगवद्धर्म व्याख्या की खाली जगह रहस्यमयी 'हाँ' द्वारा भर देती थी, प्रभा प्रसन्नचित्त पद्मासन से शान्त बैठी हुई सुन रही थी। इसी समय रामसिंह भी आ गया और एक तरफ घोड़ा बाँधकर, स्वामीजी को देखकर मुस्कुराते हुए–समझकर दंडवत् करके एक बगल में बैठ गया।

स्वामीजी की व्याख्या समाप्त हुई तब मौका देखकर बोला, "स्वामीजी मुझ पर बड़ी विपत्ति है। घर से ये चिट्ठियाँ आई हैं। आपके आशीर्वाद से मेरा दुःख दूर हो जाएगा। देखिए, मुझ पर बिना मेघ के ही वज्रपात हो गया है," कहकर छीनी हुई चिट्ठियाँ बढ़ा दीं। मुहरें उसने तोड़ डाली थीं। लिखावट एक ही तरफ थी। सामने बैठे हुए न देख सकते थे। स्वामीजी चिट्ठी लेकर पढ़ने लगे। यमुना गौर से आगन्तुक को देखती रही। पढ़कर स्वामीजी ने समझ की दृष्टि से यमुना को देखा, फिर रामसिंह को चिट्ठियाँ देते हुए कहा, "हाँ, विपत्ति तुम पर बहुत है, फिर धैर्य रखो। वज्र नहीं गिरा सिर्फ बादल घिरे हैं, हवा से कट-छँट जाएँगे। हवा ईश्वर की कृपा से बहनेवाली है। मैं दिव्य दृष्टि से देख रहा हूँ।"

चिट्ठियों को फेंटे में रखकर रामसिंह ने प्रणाम किया। कहा, "महाराज, आज्ञा हो तो अब चलूँ।"

"अभी रुको," संन्यासी बोले, "ये आगन्तुक जान पड़ते हैं। क्यों?" यमुना की ओर देखा।

"हाँ स्वामीजी, हम इस रास्ते से कभी नहीं आए," उसी वक्त यमुना ने जवाब दिया।

"इन्हें पहले अच्छी जगह छोड़ दो। यह उपकार तुम्हारे लिए भी उपकार होगा।"

रामसिंह मतलब अच्छी तरह समझ न सका। बैठ गया। इसी बीच और इससे पहले और भी इक्के-दुक्के, पथिक, ग्रामीण, व्यापारी तथा सिपाही आए और दंडवत् करके चले गए थे।

प्रभा ने यमुना की तरफ देखा। यमुना ने बैठी रहने का संकेत किया। शाम हो रही थी। गो-धूलि को कुछ ही समय रह गया था। यमुना ने नेत्रपल्लवी द्वारा स्वामीजी से पूछा कि वह दूसरा मनुष्य यदि परिचित है तो नेत्रपल्लवी जानता है या नहीं। उसी तरह स्वामीजी ने उत्तर दिया कि नहीं जानता। यमुना ने फिर पूछा कि एकान्त में बातें करने की फुर्सत होगी या नहीं? उत्तर मिला, कुछ और ठहरो, चिन्ता न करो।

फिर स्वामीजी ने रामसिंह से कहा, ''कष्ट तो होगा, पर सज्जन ही सज्जनों का उपकार करते हैं। साधु का दिया भोजन-पानी इनके लिए उचित नहीं जब तक इन्हीं के धन का प्रसाद न हो। इनसे दाम लेकर इस ओर तीन कोस पर बाजार है, मिष्ठान्न ले आओ।''

भोजन कुछ बँधा था। पर यमुना ने टोंका नहीं। दाम निकालकर दे दिया। रामसिंह घोड़े पर चढ़कर तरह-तरह के विचार लड़ाता हुआ चला गया।

ग्यारह

सन्ध्या हो गई। एकान्त में आवश्यक बातें करने की यमुना की प्रार्थना स्वामीजी ने मंजूर कर ली। महाराज शिवस्वरूप, किसी आध्यात्मिक विषय पर परामर्श होगा, सोचकर गम्भीर हो गए। प्रभा ने यमुना के एकान्त आलाप को अपने अभीष्ट का कारण समझा।

अन्धकार ने दिशाओं को ढँक लिया। यह वैसा ही अँधेरा है जिसमें यमुना देवी और वीरसिंह जनता की दृष्टि से छिपे हुए हैं, जिसमें सच्चे वीरों का इतिहास—सैनिकों की कीर्ति सेनापति और राजा के अधिकार में चली जाती है—इर्द-गिर्द की जनता कुछ दिन नाम जपकर भूल जाती है।

इसी अँधेरे में हृष्ट-पुष्ट, सचेत, विजयी युवा वीरसिंह और यमुना साथ-साथ दूर एकान्त के लिए चले जा रहे हैं। इसी तरह दूर एकान्त में चले आए हैं, और कार्य-बन्धनों में पड़े दूर एकान्त में रहते हैं। फिर भी किसी को एकान्त का दुःख नहीं। प्राणों में मिलकर एक हैं! हाय रे देश! कितने फूल इस प्रकार सामयिक प्रवाह में चढ़कर दृष्टि से दूर अँधेरे में बहते हुए अदृश्य हो गए, पर किसी ने तत्त्व-रूप को न

देखा, सब बाहरी चहल-पहल में भूले रहे, इतिहासवेत्ताओं के सत्य के भुलावे में आश्वस्त।

यह अँधेरा चिरन्तन है। दोनों इसका मर्म समझते हैं। दोनों ने इसे प्यार किया है; इसलिए दोनों असाधारण होकर साधारण हैं। देश अँधेरे में है, प्रकाश देख नहीं पाता, वे स्व-प्रकाश दोनों इसीलिए अँधेरे में रहकर देश को प्रकाशित करना चाहते हैं जहाँ तक सम्भाव्यता उनके द्वारा पहुँचे।

ऐसे ही अँधेरे में वीरसिंह नियत समय पर दलमऊ जाकर यमुना से मिलते रहे। ऐसे ही अँधेरे में दोनों ने सूर्य से भी प्रखर आलोक में एक-दूसरे को देखा, आज ऐसे ही अँधेरे में दोनों फिर एक दूसरे के साथी हैं। अँधेरे का मित्र कितना दुर्लभ है—अँधेरे का मित्र कितना महान!

दोनों दूर निकल आए। दोनों मौन हैं। सामने खेतों के बीच पेड़ों की छाया में संन्यासी-रूप महावीर वीरसिंह खड़े हो गए। उसी छाया में प्रलम्ब, पुष्ट, शोभना, श्याम, यमुना ने भुजों में भरकर, केवल एक सम्बोधन किया। वीरसिंह नीरव, स्वर के अविनश्वर आवेश में बँधे, वैसे ही बाँधकर खड़े हो गए। देह की शिरा-शिरा श्लथ हो चली। आप ही आप दोनों एक ही इच्छा से जैसे बैठ गए। यमुना के हाथ को आप ही आप वीरसिंह के हाथ ने ले लिया। भाषा इस भाव के प्रकाशन में अक्षम, तिरोहित हो गई। कुछ काल ऐसा ही बीता।

"यह दूसरी कौन है?—बल्कि हाल मालूम हो चुका है।" सँभलकर वीरसिंह ने पूछा, हाथ में हाथ लिए रहे।

"देवी प्रभावती, दलमऊ की राजकन्या, कुमार देव की परिणीता धर्मपत्नी, क्या हाल मालूम हुआ?"

"वह रामसिंह अपना आदमी है। दो पत्र अभी उसने हरकारे से छीने हैं। बलवन्तसिंह और महेश्वरसिंह के नामाक्षर हैं। देव पर दोषारोप है कि गान्धर्व विवाह प्रभावती को बलात् किया—महेश्वर और बलवन्त को पिछली शत्रुता के कारण नीचा दिखाने के अभिप्राय से। प्रभावती विवाहिता हो जाने की वजह पति के विरोध में साक्ष्य न देगी। महेश्वरसिंह कन्या का बलवन्त से विवाह करना चाहते थे, यह सूचना प्रसिद्ध हो चुकी थी। बलवन्त ने देव को नाव पर बन्दी किया। अब अपने साथ ले जा रहे हैं। उधर के सरदारों से कर लेकर

जल्द राजराजेश्वर की सेवा में उपस्थित होंगे।''

''हूँ!'' यमुना कुछ देर सोचती रही, फिर बोली, ''हम लोग गंगा तैरकर बचे। घोड़ा महाराज के यहाँ था—वे महाराज, शिवस्वरूप गंगा-पुत्र हैं, दासियों से साक्ष्य मिल चुका था। दूसरे दिन पूछताछ की गई। अवसर पा महाराज घोड़े पर चढ़कर भागे। प्रयाग में सम्बन्धी थे—वहाँ गए; हम लोग वहीं था। वहीं से आवश्यक पूर्ति करके चलना सोचा था; उनसे मुलाकात हुई, साथ ले लिया। कुमार को बचाना है।

''तुम्हारे द्वारा असम्भव, मुझसे सम्भव होगा?''

''नहीं, सहायता के लिए कहा?''

''युद्ध करने का विचार है?''

''युद्ध उचित नहीं अगर सीधे काम हो जाए।''

''तो समय के लिए शक्ति-संचय करना है?''

''हाँ।'

''अच्छा, जैसी आज्ञा होगी।''

अँधेरे में मुस्कुराकर यमुना ने प्रिय का हाथ खींचा, ''समय की स्थिति कैसी है?''

''अत्यन्त चिन्ताजनक।''

''गुरुदेव ने बहुत पहले कहा था, ये विचार बदल नहीं सकते और पूरा परिवर्तन मन-सम्भूत, जाति का ही पूरा परिवर्तन है। इसलिए समय-सापेक्ष।''

वीरसिंह मौन सुनते रहे।

''क्या कुछ आशा भी है?'' यमुना ने पूछा।

''देखा, केवल प्राण-पण पर विश्वास है और कुछ नहीं। विरोध की वायु से देश समाच्छन्न है। पृथ्वीराज की वीरता पर बड़े राज्य की हर राजकुमारी मुग्ध होती है; जामवन्ती के बाद, ईच्छन कुमारी, शशिवृत्ता, इन्द्रावती, हंसावती आदि का यही भाव रहा। अब कान्यकुब्ज राजकुमारी संयोगिता ने भी उन्हीं की कामना की है। तुम जानती हो, इन विवाहों के कारण किस प्रकार विरोध बढ़ा। इस बार दोनों शक्तियों के नष्ट होने की सम्भावना है।''

''वीर-पूजा में भी बड़प्पन का अभिमान भर गया है। मुझे पद्मावती का चरित्र महाभारत-भर में इसलिए अच्छा लगता है कि उन्होंने कर्ण को केवल वीर समझकर वरा। कितनी विशालता उनके

हृदय में थी! आज वीरत्व के कमल पर पड़ती हुई चन्द्रकला-रूपी कुमारियाँ उसे विकसित नहीं और संकुचित करती जा रही हैं, कीर्ति-लोलुपता के कारण वे समझ नहीं पातीं। आज वीरत्व की पहचान नहीं, दम्भ का परिचय है—केवल राजसत्ता का अभिमान, इसलिए प्रेम का मूल स्रोत खो गया है, ये वरे हुए वीर को वरकर कीर्ति को बरती हैं, जो स्त्री है।''

यमुना का मर्म समझकर वीरसिंह नत-मस्तक, अँधेरे में बैठे रहे। फिर स्थान आदि के सम्बन्ध में यमुना ने राय ली, वीरसिंह बतलाते रहे। यह भी कहा कि लालगढ़-नरेश कान्यकुब्ज में थे। कुछ अपर अलाप हुए। आवेश को सँभालकर यमुना ने मिलते रहने की प्रार्थना की। स्थिर होकर वीरसिंह प्रिया का हाथ लेकर खड़े हो गए। यमुना भी खड़ी हो गई। उसी तरह चलते-चलते वीरसिंह ने कहा, ''तुम्हारे प्रिय ऋण को!''

''ऋण क्या है?''

''क्या कहूँ!''

''तुम दुःखी होते हो?''

''मैं दुःखी तो था ही, पर तुम...?''

''इससे बड़ा सुख मैं नहीं चाहती। पति के पास भारत की किसी भी बड़ी राजकुमारी का मुझसे ऊँचा आसन नहीं।''

फिर धीरे-धीरे, बँधी चलती हुई बोली, ''संयोगिता की बड़ी प्रशंसा सुनी है, इच्छा है—देखें, वीरा हैं।''

स्थल कुछ दूर रह गया। दोनों अलग हो गए। जब पहुँचे तब रामसिंह न आया था। आने पर जल-पान करा, अपनी ही जगह पर छोड़ आने के लिए स्वामीजी ने आज्ञा दी। प्रभावती को अच्छी तरह देख लिया।

बारह

गोमती की उपनदी सरायन के तट पर प्रसिद्ध दुर्ग मणिपुर अवस्थित है। इसे अब मनवा कहते हैं। इसके राजा बलवन्तसिंह अपनी कार्यदक्षता के कारण पूर्वी प्रदेशों के लिए कान्यकुब्जेश के दक्षिण हस्त हो रहे हैं। इधर की राजकीय व्यवस्था के यही सबसे बड़े अधिकारी, इसलिए सम्मान्य हैं।

मनवा चारों ओर से ऊँची चारदीवार द्वारा घिरा हुआ है। बीच की प्रशस्त भूमि में पृथक्-पृथक् आवास तथा प्रासाद शोभन क्यारियों के रूप में निर्मित हैं। यहाँ की कारीगरी में गुम्बदों की अधिकता है। सूर्य और चन्द्र की रश्मियों में सैकड़ों सुवर्ण-कलश, एक-एक श्रेणी में एक-एक पत्र और मध्य में छः दलों के फूल की आकृति लिए, आकाश में पूर्ण पारिजात की तरह झिलमिला रहे हैं; ऊपर हल्के पद खड़ी, कभी रवि और कभी शशि का एक बगल बालों में हीरा लगाए, नीलिमा बिना शब्द के जैसे पथिकों को अपने शुभ्र विकास का परिचय दे रही हो। विलास की सहस्रों तरंगें दुर्ग से दूर-दूर तक ग्रामीणों को आश्चर्य की शक्ति से प्लावित कर रही हैं। ऐश्चर्य के

मधुर आतंक में नत-मस्तक सभी जैसे हृदय से उसे वरण कर रहे हों। उसके विरोध में आने की शक्ति उनमें नहीं। जैसे स्वीकार कर रहे हों, वे भी यही चाहते हैं। ईश्वर, धर्म और पूजार्चन में जैसे यहीं कांक्षित स्वर्ग उनके हृदय में छिपा हुआ हो।

सन्ध्या हो रही है। आकाश में पीली किरणें पीलू गा रही हैं। संसार की परिवर्तनशीलता की प्रमाणस्वरूपा सरायन ताल-ताल पर मन्द नृत्य करती बहती जा रही है। राजकुमारी रत्नावली सोपान पर मखमल के बिछे सुकोमल आसन पर बैठी तन्मय हो रही है, अंगों से प्रिय-करुणावेश अज्ञात अपरिचित प्रिय की ओर प्रवाहित है—साक्षात् कमलिनी जैसे ध्यान कर रही हो।

राजकुमारी की वही उम्र है जब प्रिय की तलाश में दृष्टि एक दूसरा रूप, एक नया आलोक पाती है। प्रति अंग की कला आप विकसित हो अपनी आकुलता प्रदर्शित करती है। यौवन त्रिभुवन पर विजय प्राप्त करने को समुद्यत होता है। वाणी शब्द-शब्द पर वीणा-झंकार करती है। चमत्कार अपना पूर्व प्रसार पाता है। छल और कौशल चपल हो उठते हैं। लावण्य बँधकर रह जाता है।

दासियाँ यत्र-तत्र आज्ञा की प्रतीक्षा में खड़ी हैं। एक बाहर से भीतर, घाट पर आई और हाथ जोड़कर बोली, "कुमारीजी, एक भिक्षुक दर्शन कर कुछ निवेदन करना चाहता है।"

वैसे ही ध्यान-नेत्रों से दासी को देखती हुई रत्नावली ने भिक्षुक को ले आने की आज्ञा दी।

यह वही भिक्षुक है जिसे राजकुमार देव ने अपनी माला देकर प्रभा वाली बदली थी। भीख माँगता हुआ यहाँ पहुँचा है। कई अच्छे घर रास्ते में मिले पर डरकर मालावाली बात नहीं कही। मालिकों से कुछ मिलने के बदले माला के छिन जाने का डर अधिक था। यह सोच रहा था कि कोई सहृदया बड़े घर की युवती या तरुणी मिले तो उसके गले में पुरस्कारस्वरूप डालकर मुद्राओं से उचित विनिमय की प्रार्थना करे, अधिक मुद्राएँ हुईं तो अधिकांश वहीं रखकर धीरे-धीरे लेता रहे। इस योग्य उसे कोई नहीं मिली। यहाँ की रत्नावली पर विश्वास है। बड़ी देर से बाहर खड़ा हुआ था। एक दासी से पूछकर, रत्नावली की परिचारिका जान, पैरों पड़कर कुबूल करा लिया है कि वह राजकुमारी के पास पहुँचा देगी। राजकुमारी के पास जाने का कारण नहीं कहा।

रत्नावली की आज्ञा पाकर दासी भिक्षुक को सरायन के घाट पर ले गई। घाट पर बैठी राजकुमारी को देखकर भिक्षुक ने पहले हाथ जोड़कर कुछ विनय-शब्द कहे, फिर झोली से माला निकालकर दीनता से मुस्कुराते हुए गले में डाल दी, और भिक्षुक के पास उसकी कोई शोभा नहीं, बल्कि उससे असहाय प्राणों का भय है, राजकुमारी ही उसकी योग्यता रखती हैं, बदले में थोड़ा-थोड़ा-सा धन समय-असमय ले-लेकर अपने बुढ़ापे के दिन भगवद्‌भजन में बिताएगा, इस आशा से आया हुआ है, समझा दिया। भावनामयी कुमारी दया के पुष्प-सी खुली रहती हैं। भिक्षुक को जीवनपर्यन्त के लिए अभय मिला। कुछ धन उसी समय लाकर देने के लिए उसने सदय आज्ञा की। सफल-मनोरथ हो भिक्षुक 'मनोवाच्छाएँ पूर्ण हों'—आशीर्वाद देकर बाहर गया।

सन्ध्या होते-होते बन्दी कुमारदेव को लिए हुए बलवन्त की वाहिनी पहुँची। दुर्ग में सन्नाटा छा गया। अपने जो-जो रक्षक थे, उन्हें बलवन्त ने देव का सच्चा वृत्तान्त न कहने की पहले आज्ञा कर दी थी। रथ की चाल से हिलने के कारण देव के घावों का रूप और भयानक हो गया था। दुर्ग के एक अच्छे प्रासाद में उन्हें स्थान दिया गया। सेवक तथा रक्षक नियुक्त कर दिए गए। फाटक में आज्ञा कर दी गई कि कुमार देव पर सदा दृष्टि रखी जाए, वे किसी कारण बन्दी हैं। चिकित्सा के लिए भी राजवैद्यों द्वारा प्रबन्ध करा दिया गया है। खजाना जमा हो गया। सिपाही हथियार खोलकर विश्राम करने लगे। कुछ देर में खबर हुई, कल फिर महाराज के साथ कर-ग्रहण के लिए बाहर जाना होगा।

बलवन्तसिंह ने रनवास में विश्राम करते, अपने प्रबन्ध पर सोचते, राज्य के इधर के समाचार मालूम करते हुए यह निश्चय किया कि यद्यपि दलमऊ से कान्यकुब्जेश को सूचना दी जा चुकी है, फिर भी यह और अच्छा होगा कि वहाँ से भी उन्हें एक उससे भी पुष्ट, रचनात्मक, प्रमाण के तौर पर सूचना दे दी जाए, और उनकी मनःतुष्टि के लिए लाए हुए धन का भी अधिकांश भेज दिया जाए। इस तरह कुमार देव के घायल होने और बन्दी करने का अपराध पूरी तरह से जाता रहेगा, उल्टे दोषारोपण दृढ़ होगा।

इस विचार से वही वृत्तान्त उन्होंने बड़े नम्र भाव से महाराजाधिराज

जयचन्द को लिखा। राज-कार्य से वे स्वयं सेवा में उपस्थित होकर निवेदन नहीं कर सके--बार-बार स्मरण दिलाया। अपना भविष्य कार्यक्रम लिखा और इस समय कुमार देव की चिकित्सा करा रहे हैं, इस दयालुता का भी दबे शब्दों में उल्लेख किया।

रानियों के पूछने पर कुमार देव का यथार्थ हाल उन्होंने न बताया। उस सम्बन्ध में दूसरा प्रबन्ध बाँधकर बहला दिया। फिर गर्व से पहले के अपमान की याद दिलाई। रानियाँ चुप हो गईं। आराम करते हुए राजकार्य से शीघ्र फुर्सत पाकर बलवन्त कन्नौज जाने की सोचने लगे। यदि इस बार वार पूरा बैठा गया, तो मुमकिन है, महेन्द्रपाल अधिकार के स्वत्व से वंचित किए जाएँ--तब राज्य का आस-पास के सरदारों में किस प्रकार विभाजन होगा, आदि-आदि प्रासंगिक बातें सोचते रहे। प्रातःकाल पत्र और कोष बहुत-सा रक्षकों के साथ भेजकर अपना दल लेकर कर के लिए बाहर प्रस्थान कर गए।

रत्नावली पर यमुना देवी का सबसे अधिक प्रभाव था। सत्य और तपस्या की ओर से वह उसी का छोर पकड़े हुए थी। जब देवी यमुना की घटना हुई थी, तब वह एक बालिका थी, पर ऐसी जिसे सारी स्मृतियाँ याद हों। वहाँ और कोई भी नशा ऐसा न था जो उसके हृदय को किसी दिव्य शक्ति से स्पन्दित करता। राजकुमार देव वहाँ के हैं जहाँ के वीरसिंह थे। एक साथ रत्नावली का हृदय सुहृत्-कल्पनाओं से उच्छ्‌वसित हो उठा--कितने स्वप्न एक साथ खुलकर राजकुमार से लिपटने लगे। कोई भी संसार में प्यार करने के लिए है, तो वह वही है। आज तक वह न समझ सकी थी।

आज एकाएक समझ की कली पूरे जोर से चटक गई। अभी उसने देखा नहीं, केवल सुना है। वे घायल होकर आए हैं, जरूर एक को बहुतों ने घेरा या धोखे में घायल हुए हैं. उस देश के एक का एक क्या बिगाड़ सकता है। राजकुमार अविवाहित हैं।

एक के बाद एक सुघर भावनाएँ फूटने लगीं। कुमारी राजकुमार को देखने के लिए व्याकुल हो गई। घायल की सेवा-शुश्रूषा उसका धर्म है। इस कार्य में कोई रोक क्या हो सकती है? बलवन्त उसका भाई है। वह सच्चे मार्ग पर उसकी गति को रोककर भी नहीं रोक सकता। वह अपना रास्ता आप पहचानेगी। दासी को देख आने के लिए भेजकर मालूम किया, राजकुमार जग रहे हैं।

जितने स्वप्नों से वह राजकुमार को सजा रही थी, उतने से खुद भी सजी जा रही थी। दो सेविकाएँ साथ लेकर राजकुमार के महल को चली। रात को वैद्यों ने घाव को साफ कर औषधि लगा दिया था। कुमार यथेष्ट अशान्ति के बाद घोर निद्रा में सो रहे थे। जगे, तब चिन्ता-स्नायुओं का प्रवाह प्रभा की ओर स्वभावतः बहा। कुछ देर पार्श्व-वर्तन करने के बाद उसी के ध्यान में अन्तर्हित हो गए। एक तन्द्रा-सी आ गई। स्वप्न देखने लगे—प्रभा की भावनाभरी-आँखों में आँसू हैं। वह उन्हें खोजती हुई जहाँ पहुँची है—वह एक वन है, वहाँ कोई नहीं, कोई राजकुमार को घायल कर हाथ-पैर बाँधकर डाल गया है, प्रभा सुखद हाथों से उनके बन्धन खोल रही है, अपने हृदय की सम्पूर्ण सहानुभूति से उनकी पीड़ा को प्रशमित करती हुई, अपने सर्वस्व का अर्पण कर उनका सर्वस्व ले रही है।—उन्हीं की तरह उसे व्यथा है।

सुखकर स्वप्न के भीतर से राजकुमार की पलकें खुलीं। देखा—अपूर्व सुन्दरी तरुणी हृदय की समस्त प्रीत दृष्टि से देती हुई, देख रही है, उनके पलँग के मध्य भाग में बैठी हुई, निस्संकोच, सुगन्धि से कक्ष भरा हुआ, दो परिचारिकाएँ दो ओर से मन्द-मन्द व्यजन करती हुई। राजकुमार ने अच्छी तरह देखा। यह प्रभा न थी। वन न था। होश में आए।

तरुणी को देखकर मर्यादा के विचार से उठने लगे। हृदय पर हाथ रखकर उसने रोक दिया, "मैं सेविका हूँ, लेटिए। कष्ट होगा।"

राजकुमार उड़ी दृष्टि से देखते रहे। कई भाव व्यंजित हो रहे थे। समझकर तरुणी बोली, "मैं देवी त्रियामा की छोटी बहन रत्नावली हूँ। वे यमुना नाम से प्रसिद्ध हैं। यहाँ इसी नाम से वे पुकारी जाती थीं," कहकर राजकुमारी देखती रही।

यह हृदय का सम्प्रदान उतना ही निश्छल था, जितना प्रभा की ओर से हुआ था। मनुष्य में क्या शक्ति थी कि वह इसे रोक देती?

राजकुमार की दृष्टि से खुलते हुए प्रभा की याद के कितने मर्म रत्नावली की दृष्टि से विनय कर रहे हैं, वह नहीं समझी।

तेरह

बलवन्तसिंह का भेजा हुआ कर पहुँच चुका। महेश्वरसिंह स्वयं आकर मिले और उनकी जबानी कान्यकुब्जेश को जैसा मालूम हुआ, बलवन्तसिंह का पक्ष उससे और दृढ़ हो गया, विशेषतः उनका मौन, प्रमाण हुआ। महाराज जयचन्द अपने मन्त्रणा-कक्ष में बैठे विचार कर रहे हैं। उच्च द्वितल सौध का वृहत् प्रकोष्ठ, ऊँचा रत्नासन, स्वर्ण-मंडित बहुचित्रवाला प्रकोष्ठाच्छद कारुखचित, विशाल स्तम्भाधार, मसृण, पद-सुख-स्पर्श ईरानी कालीन जिस पर सरदार बैठे हुए। रत्नाधारों पर सुगन्धित तैल के दीपक जल रहे हैं। सामने प्रशान्त गंगा प्रवाहित। उदार स्वच्छ आकाश द्वारों से देख पड़ता हुआ है। दूर नक्षत्रों की नील ज्योति आती हुई। सरदार सिर झुकाए अपने स्वार्थ की चिन्ता में लीन। एक ओर महेश्वरसिंह बैठे हुए। केवल महेन्द्रपाल अनुपस्थित हैं—न बुलाए जाने के कारण।

स्वतन्त्रता खोकर मनुष्य किस प्रकार सरदार होता है, इसके प्रमाण कभी संसार में विरल नहीं हुए। तब व्यक्तिवाद और प्रबल था। इसलिए हर व्यक्ति, जिस तरह भी हुआ, सिर देकर या लेकर, सरदार

होने के प्रयत्न में था। यह सिर लेने और देने का अभ्यास-अध्यास पड़ोस से ही शुरू होता था, हो भी सकता है। इसी तरह उत्तरोत्तर फैलता हुआ मनुष्य का एक वृहत् वृत्त में सरदार के रूप में स्थित करता था। आज एक वैसा ही दृश्य उपस्थित है। जो लोग अपनी क्षुद्रता के कारण महाराज जयचन्द को सिर झुकाकर बढ़े हुए थे, वे समय समझकर, और बड़े होने की चिन्ता में लीन हैं। शक्ति में छोटा होकर बड़े से लड़ना राजनीति नहीं—किसी प्रकार का विरोध नहीं। बड़े की हर बात में, गीत की ताल पर बजते बाजे की तरह। साथ रहना चाहिए, तभी सिद्धि प्राप्त हो सकती है, उसकी बात में ताल या बेताल बात है, इसका निर्णय बाजा नहीं कर सकता। राजनीति विराजमान होने की पद्धति ऐसी ही है। हमेशा रही, हमेशा रहेगी। इसकी साधनिका है—जीव को भोजन मिलना चाहिए, भोजन से बैर जीवन का नाश—आत्महत्या है। वहाँ सब सरदार इस कला के पंडित हैं। जिधर राजदृष्टि हुई, उधर शून्य क्यों न हो, उस दर्शन के अनुरूप सब सम्यक् सृष्टि-तत्त्व देखते हैं। आज महेन्द्रपाल पर महाराज क्रुद्ध हैं, इसलिए सरदार अनुरूप कैसे हों?

महेन्द्रपाल स्वयं ऐसे सरदार थे। बहुत जाल डाले जा चुके थे, जाल काटकर, निकल चुके थे। कभी सोचा न था कि जल में रहने से एक दिन जाल में आना होता है। दूसरों की तरह उनका भी अभ्यास था, 'फाँसेंगे, फँसेंगे नहीं।'

आज दूसरे उन्हें फँसता देखकर फाँसने के विचार में हैं। इससे स्वास्थ्य-लाभ की सम्भावना है। लालगढ़ बेदखल किया गया, तो पड़ोसवालों को उसका हिस्सा मिलेगा। जो पड़ोस के नहीं, उन्हें धन-रत्न। दोष पिता-पुत्र दोनों पर हैं। एक बार बैर साबित हो चुका है। उसमें बलवन्तसिंह की मानहानि हुई थी।

"आप लोग बलवन्त के विषय में क्या कहते हैं?"

"महाराजाधिराज की ही आज्ञा यथार्थ आज्ञा है।" खजुआ के सरदार ने सिर खुजलाते भक्ति-भाव से उठकर हाथ जोड़े।

"महाराज राजेश्वर की आज्ञा हमारे लिए ईश्वर की आज्ञा है। ईश्वर की कोई अपनी जिह्वा नहीं।" महेश्वरसिंह हाथ जोड़े विनयपूर्वक कहकर सबको देखते हुए बैठ गए।

कुछ सरदारों ने एक साथ उठकर महेश्वरसिंह के कथन में तिलार्द्ध

झूठ नहीं, इसकी दोहाई दी।

"हमें बलवन्त का मौन रहना महत्तायुक्त सच जान पड़ता है।" महाराज जयचन्द ने कहा।

"बलवन्त जैसे मनुष्य!" शिवराजपुर के सरदार बोले।

"इसमें महेन्द्रपाल की चाल है।" महाराज जयचन्द ने कहा।

"महाराजाधिराज इसमें सन्देह नहीं; वे बड़े चालाक आदमी हैं," एक सरदार ने कहा।

प्राणों को बल मिला। महेश्वरसिंह बोले, "महाराजाधिराज के डर से मैं नहीं कह सका, वरना लोगों से ऐसे प्रमाण मिले हैं। महेन्द्रपाल अपने पुत्र से कहकर यहाँ सफाई के लिए चले आए थे।"

"हाँ, यह बहुत बड़ी मानहानि है। दूसरी बार स्पर्द्धा की," गम्भीर होकर महाराज बोले।

"महाराज, उनकी तो आदत पड़ गई है। बलवन्तसिंह को महाराज की ओर से सम्मान मिला है, वे ऐसे हैं भी! यह महेन्द्रपाल देख नहीं सकते।" एक ने कहा।

दूसरा बोला, "किसी गाढ़े समय में देखो, कट जाएँगे, बस प्रशंसा के सामने हैं।"

"शशिवृत्तावाली लड़ाई में बहुत कहने से गए थे, लड़े नहीं, हमारी सेना की आड़ में रहे। पूछने पर कहा, 'सहायता के लिए हैं।' दाहिना पक्ष टूटा तो भागती सेना के साथ भाग खड़े हुए," तीसरे ने पुष्टि की।

"हम तो बहुत दिनों से देख रहे हैं, युद्ध की बात पर महेन्द्रपाल हमेशा कटते हैं।" महाराज जयचन्द ने कहा और सोचने लगे।

"स्वार्थी हैं और पूरे विश्वासवाती।" महेश्वरसिंह ने गले में जोर देकर कहा।

"इस तरह औरों का स्वभाव बिगड़ता है।" एक ने मदद की।

"ऐसे मनुष्य को उचित शिक्षा न दी गई, तो सरदार राज-धर्ज का पालन न करेंगे, केवल स्वार्थ की चिन्ता में रहेंगे।" महाराज ने कहा।

"महाराज सत्य आदेश करते हैं।" कई कंठों से एक ध्वनि हुई।

"इसका कठोरतम दंड देना है, अगर विधान की रक्षा पर दृष्टि की जाए।" महाराज गम्भीर हो गए।

सभा चुप हो रही। न्याय की कार्यावली पूरी न होने तक, दोष के

प्रमाण धर्माधिकरण के सामने न आंने तक महेन्द्रपाल को बन्दी कर रखने की आज्ञा हुई।

जयचन्द जानते थे, जितने प्रमाण मिले हैं, प्रकाश्य रूप से इतने ही कठ़ोरतम दंड के कारण बन जाएँगे। लोगों को विश्वास हो जाएगा। पुनः ऐसे अपराध के लिए सरदार शंकित रहेंगे।

चौदह

प्रभा-यमुना आदि के रहने का जहाँ इन्तजाम हुआ, वह पूर्व की आढ़त है। वहाँ व्यापार होता है। पर यह जासूसी के सुभीते के लिए एक प्रदर्शन-मात्र है। यहाँ वीरसिंह के मित्र-वर्ग रहते हैं। ऊपर का दोमंजिला यमुना आदि के लिए खाली कर दिया गया। यथावकाश, एकान्त में यमुना भविष्य के कार्यक्रम पर वीरसिंह से बातें कर लेती है।

महाराज शिवस्वरूप रोटी पकाते, सुबह-शाम शहर घूमकर सम्वाद एकत्र करते हैं। आज रात साढ़े सात बजे भोजन से निवृत्त होकर कन्नौज के प्रधान रास्ते से टहलते हुए जा रहे हैं कि निगाह एक छज्जे पर गई, एक निरुपमा सुन्दरी खड़ी राज-पथ के लोगों को देख रही थी। दृष्टि से सौन्दर्य का घनिष्ठ सम्बन्ध है। नई कली से बँधे भौंरे की तरह महाराज कुछ देर तक दूसरा ज्ञान भूलकर देखते रहे—कैसी सुघर, गोरे, जरा लम्बे मुख पर बड़ी-बड़ी आँखें!—पलकों की छाँह में कह रही हैं—हम संसार में मुक्त हैं, कोई बाधा हमें रोक नहीं सकती।

होश में आ, देर करने के अभिप्राय से, महाराज दुकान में पान लेने

लगे। फिर बेगम धीरे-धीरे आगे बढ़े। पीछे किसी ने पीठ छूकर कहा, "सुनिए!" जरा घूमकर देखा, एक स्त्री है। कहने से पहले उस स्त्री ने कहा, "उस मकान में मेरी मालकिन आपको बुलाती हैं।"

महाराज डरे। पर यमुना का उपदेश याद आया, धीरे-धीरे साथ हो लिए। दासी जीने से कमरे में ले गई। कमरा उसी प्रकार सजा है, जैसे सुरभि के लिए दल केशर पराग आदि से फूल। इक्कीस-बाईस वर्ष की युवती सुगन्धित दीपों के प्रकाश को मन्द करती हुई बैठी है। महाराज को द्वार पर आते देख मुस्कुराकर उठकर खड़ी हो गई और झंकृत सरस पदों से बढ़कर हाथ पकड़, ऊँचे रेशमी चादर बिछे गद्दे की ओर ले चलने लगी। पहले महाराज जरा खिंचे, युवती इतने से समझ गई। महाराज को साथ ही यमुना की बात याद आई, बढ़ गए।

बैठालकर युवती ने दासी को इशारा किया। वह चली गई।

युवती ने पानों की तश्तरी महाराज की ओर बढ़ाई।

महाराज ने हाथ जोड़कर खिंचते हुए कहा, "हम पर तो दूरै से दया करौ!"

"अच्छा," युवती महाराज की भाषा से प्रान्तदेश का निश्चय कर हँसती हुई बोली, "आँख लड़ाते वक्त दूरी का खयाल न था!"

महाराज ने जनेऊ निकालकर कहा, "यह देख लेव!"

युवती को वर्ण, स्थिति, स्वभाव और साक्षरता का ज्ञान हो गया। गुदगुदाई हुई-सी महाराज को देखती रही।

महाराज ने सोचा, इनको विश्वास नहीं हो रहा। सफलतापूर्वक बोले, "छानबे की कसम, कहीं बिना जाने पान नहीं खाते।"

युवती वैसी ही हँसती आँखों देखती हुई बोली, "लेकिन हमारे हाथ के तो पान-पानी दोनों चलते हैं।"

सादगी से महाराज बोले, "यह हमारा नहीं जाना।"

"अरररररर!" जैसे भूली बात याद आई। बोली, "हे भगवान्, ब्राह्म-हत्या का पाप मुझे बदा था!"

चोटी से महाराज के प्राण निकल गए! घबराकर पूछा, "बरमहत्या कैसी?"

युवती ने एक लम्बी साँस छोड़ी। फिर अनमनी होकर बोली, "आज महाराजाधिराज कान्यकुब्जेश्वर के यहाँ मैं बुलाई गई हूँ। सिपाही शायद ले जाने को आ गए। मेरी दो ही दासियाँ यहाँ रहती

हैं। बाकी वहाँ की। उन्होंने सिणाहियों से आपका हाल कह दिया हो, तो वे आपकी जान ले लेंगे!"

महाराज काँपने लगे। स्वर भंग हो गया। युवती ने शान्त होने का इशारा किया। फिर उठकर जीने के द्वार बन्द कर आई। हँसकर कहा, "जब तक द्वार न खोलूँगी, वे भीतर न आ सकेंगे।" महाराज घबराए हुए देखते रहे।

"मैं तुम्हें दिल से चाहती हूँ। जरूर बचाने की कोशिश करूँगी।" खिलकर पूछा, "तुम्हारा नाम?"

वैसे ही घबराए स्वर से महाराज बोले, "सिवसरूप।"

युवती ने कहा, "कल तो इसी रास्ते पर किसी को बरमदत्त बतलाया था।"

महाराज ने पैर पकड़ लिए। बोले, "वह झूठ था।"

युवती ने कहा, "मैं जानती हूँ। मैं तुम्हारी परीक्षा ले रही हूँ; तुम्हारा सारा हाल जानती हूँ।"

फिर कुछ सोचते हुए पूछा, "खास स्थान कहाँ है?"

महाराज : "दलमऊ।"

युवती : "यहाँ कैसे आए?"

काँपते-काँपते महाराज सारा हाल कहने लगे। निविष्टचित्त युवती सुनती रही। किस्सा खत्म होने पर, महाराज को उठने का इशारा किया। पानी लेकर हाथ-मुँह धुलाया। फिर पान खाने को इंगित किया। मन्त्र से चलते हुए जैसे महाराज आज्ञा पूरी करते गए, अनिमेष करुण दृष्टि से देखते हुए।

युवती मुस्कुराई। बोली, "मैं तुम्हें चाहती हूँ!"

महाराज आशा से बँधे देखने लगे।

युवती ने कहा, "मान लो, मैंने तुम्हें बचा लिया, तो मुझे प्यार करोगे?"

जल्दी से महाराज बोले, "मैं तुम्हारा गुलाम बना रहूँगा।" पगड़ी उतारकर पैरों पर रखने लगे।

युवती ने रोक लिया। कहा, "घबराओ मत। मतलब तुम्हारी समझ में आएगा, मैं कहती हूँ।"

महाराज कृतार्थ दृष्टि से युवती को देखने लगे। युवती कहती गई, "देवी यमुना और प्रभावती से मेरा प्रणाम कहना।" महाराज को

समझाकर, सँभलकर फिर बोली, "मैं तो यमुना को भी प्रणाम कर सकती हूँ, क्योंकि नर्तकी से दासी का कुल ऊँचा है, क्यों महाराज?"

"हाँ, क्यों नहीं!" गम्भीर होकर महाराज बोले।

हँसकर युवती कहने लगी, "कहना कि बलवन्तसिंह कुमार देव के साथ मनवा पहुँचकर दवा के लिए वहीं छोड़कर तहसील के लिए फिर निकल गए हैं। चलते वक्त एक पत्र उन्होंने महाराजाधिराज कान्यकुब्जेश्वर को लिखा था। पत्र के साथ कुछ कर भी वसूल किया हुआ भेजा था। पत्रवाहक कर जमा कराकर, यहाँ के लिए कहना कि गाना सुनकर रहने के लिए आया था। उसके साथ और दो-तीन आदमी थे। पहले से शराब पिए हुए थे। आपस में बातचीत करने लगे। महाराजाधिराज के पास पत्र नहीं पहुँचा सके थे। दूसरे दिन पहुँचाना चाहते थे। कहना कि गायिका का नौकर उनके पीछे खड़ा बातचीत सुन रहा था। उसने गायिका से वे बातें कह दीं। गाना सुनकर पत्रवाहक के साथी चले गए, वह रह गया। गायिका ने उसे और अच्छी शराब पिलाई और नशे में कर कुल बातें पूछ लीं। जब वह सो गया, तब उसकी चिट्‌ठी निकाल ली। पत्र यदि महाराजाधिराज के पास पेश हुआ होता, तो राजा महेन्द्रपाल के वध की आज्ञा निकल चुकी होती। कोशिश होनी चाहिए कि महाराजाधिराज के पास जल्द-से-जल्द अनुकूल प्रमाण पेश हों।" फिर सोचती हुई बोली, "मैं चिट्‌ठी देती, पर मैं खुद भी कोशिश में हूँ।"

एक के बाद दूसरा, इस तरह महाराज के मन में अनेक भाव आए-गए। ऐसा सजीव पट-परिवर्तन जीवन में न देखा था। युवती को आश्चर्यपूर्वक देखते हुए उठे, वह स्थिर बैठी रही, "फिर आइएगा," गुंजित स्वर से बोली। महाराज कुछ कदम बढ़े तो फिर बुलाया, और खड़ी हो गई। कहा, "सिपाजी जो खड़े हैं?" घबराकर महाराज पीछे हटे और उसे पकड़ लिया, "आप कैसी प्रेमी हैं?" नर्तकी युवती ने पूछा, "अभी तक मेरा नाम भी आप नहीं मालूम कर सके।" महाराज बेवकूफ की तरह देखने लगे। "मेरा नाम विद्या है," कहकर उसने पीछे के जीने से सस्नेह उन्हें उतार दिया।

पन्द्रह

महाराज सीधे डेरे पहुँचे। दूसरे दिनों से देर हो गई थी। यमुना प्रतीक्षा कर रही थी। महाराज को देखकर प्रसन्न हुई। पूछा, कोई घटना तो देर करने की नहीं घटी? महाराज गम्भीर होकर बोले, ''बड़े काम की बात है।'' प्रभावती सजग हो गई। यमुना ने संक्षेप में असली बात कहने के लिए कहा।

महाराज जैसे ईश्वर का स्मरण करते हुए बोले, ''जिसके राम रखवारे हैं, उसका कोई क्या बिगाड़ सकता है? वे कहो तो सुई के छेद से हाथी को निकालें!''

महाराज और कुछ इसी तरह कहनेवाले थे कि यमुना से न रहा गया। बोली, ''अरे भले आदमी, बात तो बताओ!''

''बीच में न टोक, यह कह कि तेरे बड़े भाग रहे जो प्रातःकाल उठकर बराँभन का मुँह देखेगी। हैं, चिड़िया का मरना, लड़कों का खिलवाड़! बड़ी समझदार बनी घूमती है। पड़ी होती आजवाले चक्कर में तो मक्कर भूल गए होते।''

यमुना तमतमा उठी कि दें गाल पर एक चाँटा। तब तक मधुर

धीमे स्वर से प्रभावती ने कहा, "महाराज, भाग तो हमारे थे ही जो तुम मिले, अब यह बताओ कि क्या बात है?"

"हम बाजार में टहल रहे थे कि एक औरत ने कहा कि उस मकान की मालकिन आपको बुलाती है। हे यमुना जिधर निकलो, सब देखती हैं।" महाराज ऊपरवाला होंठ जरा सिकोड़कर निगाह नीची कर मूँछें देखने लगे। प्रभावती ने मुश्किल से हँसी को रोका। महाराज कहते गए, "कसरती बदन और रियाज की बातें ही और हैं। तू तो यमुना, हमारा सुभाव जानती है, उसके मरने के बाद दस-पन्द्रह तो ब्याह आए होंगे, लेकिन हमने कहा कि उन उढ़रिहों की लड़की का ब्याह कर दालिब ऋषि के कुल को कलंक लगाना है।"

यमुना और प्रभावती दोनों अधीर हो गईं, पर महाराज के क्रम में परिवर्तन असम्भव है, सोचकर बैठी रहीं। महाराज कहते गए, "पहले तो हमारी इच्छा हुई कि कह दें कि न जाएँगे। फिर हमें यमुना की बात याद आ गई कि आने-आने और बातचीत में कहीं अटको मत, तो हम चले गए। जीने के ऊपर गए तो पूरी अप्सरा बैठी थी। उठकर हमारा हाथ पकड़कर गद्दे पर ले जाकर बैठाया, फिर हमारा नाम पूछा। हमने कहा—सिवसरूप महाराज..."

"नाम बता दिया?" यमुना ने तेजी से पूछा।

"अरे यह तो हम अपने मन में बता रहे हैं। हमने कहा, सिवसरूप महाराज, समय पड़े की बात है कि अब बात करना भी मोहाल हो रहा है। हमने कहा, हमारा नाम है बरमदत्त। उसने पूछा, अस्थान कहाँ पर है? हमने कहा, सुनो सिवसरूप महाराज, तुम वही हो, जो जुन्नी करके दूसरे के जजमान नहवाते थे, किसी के भी अस्थान को अपना अस्थान बताते थे, आज यह तुमसे पूछ रही है। हमने कहा, प्रयागराज। तो बोली कि हम दलमऊ नहाने गए थे। हमने कहा कि हाँ, तब हम मामा के यहाँ आए थे, हमने यहाँ तुमको देखा है। सुनकर पैरों पर माथा रख दिया। फिर बोली कि मैं महाराजाधिराज की सभा में नाचती हूँ। हमने आसिरबाद दिया कि तुम्हारी तड़क्की हो। अरे हाँ, भाई, जजमान है। फिर उसने पूछा कि देवी परभावती को जानते हैं आप, वह जो दलमऊ के सरदार की लड़की है? हमने कहा, हाँ, उनको देखा है, वे हमारे रिश्तेदार के जजमान हैं। उसने कहा, उनका यह हाल है।"

फिर महाराज ने वह हाल और उस तवायफ का नाम बतलाया।

सोलह

गंगा पार कर चार सवार उत्तर-पूर्व की ओर बढ़ते जा रहे हैं।

समय दिन डेढ़ पहर हो चुका है। चारों मौन हैं। दृष्टि पर एक स्थिर प्रतीक्षा झलक रही है।

आगे के सवार ने कोमल कंठ से कहा, "उधर से भी तीन-चार सवार आ रहे हैं, शायद।"

"हाँ।" दूसरे ने अच्छी तरह देखते हुए कहा।

"हम लोग दस कोस से ज्यादा आ गए होंगे," पहले ने कहा।

"कम नहीं," दूसरे ने बरछी तौलते हुए कहा।

"दुश्मन हो तो बड़ा अच्छा मौका है।" पहले ने दूसरे को फिरकर मुस्कुराती आँखों से देखते हुए कहा।

"हाँ, उस बार विवश होना पड़ा था।" दूसरे ने बरछी कमर से लगाते हुए कमान निकालकर कहा।

तीसरे ने चौथे से पूछा, "आप घबराते तो नहीं?"

"अरे भय्या, हमारी गरमी गंगाजी ही बुझा पाती हैं," कहकर चौथे ने बनी भंग की एक गोली जीभ पर रख ली और पेंचदार गिलास का

ढक्कन खोलकर पानी के साथ उतार दी। फिर पेंच बन्द कर गिलास रखते हुए तीसरे से पूछा, "अभी और है, आपौ को चाही? विजया है भय्या, वार खाली न जाएगा, दूना हौसला बढ़ाती है।"

"नहीं महाराज, हमें तो विजया के नशे में रही सूझ भी नहीं रहती," कहकर तीसरा आते हुए सवारों की तरफ देखने लगा।

पहले प्रभावती, उसके बाद यमुना, उसके पीछे वीरसिंह और वीरसिंह के पीछे महाराज शिवस्वरूप कुमार देव के उद्धार के लिए मनवा जा रहे हैं। देव से महेन्द्रपाल का सारा संवाद भी कहना है।

"इधर से बलवन्तसिंह या उनके सिपाहियों के आने की सम्भावना अधिक है। सम्भव है, पत्रवाला दूत पत्र खो जाने पर घबराकर बलवन्तसिंह से मिला हो और पत्र खोने का झूठा संवाद कहा हो। देर होने पर कुमार और महेन्द्रपाल की दृष्टि में कान्यकुब्जेश्वर के पास प्रमाण पहुँच न जाए, ऐसा विचार कर बलवन्त स्वयं चल दिए हों!" वीरसिंह ने यमुना से कहा।

"हाँ, सम्भव है।" यमुना देख रही थी, सवार अब बहुत निकट आ गए थे।

प्रभावती एकाग्र थी। इससे पहले वीरसिंह के सम्बन्ध की कल्पनाओं में पड़ी थी। यमुना ने जो परिचय दिया था, वह और विस्मयोत्पादक था।

"लेकिन हम..." पहचानकर यमुना ने कहा, "वही हैं।"

"कुछ परवाह नहीं, प्रभा का बायाँ देखना दूर से, मैं दाहिने हूँ। महाराज, जिसका हथियार घटे, अपना दे देना, घबराना मत।" वीरसिंह के कहते ही यमुना ने घोड़ा बढ़ाया। वीरसिंह दाहिने आ गए।

"बलवन्त, अगर बलवन्त है!" प्रभा ने आवाज दी।

बलवन्त ने अच्छी तरह देखा न था। विचार में थे। केवल आते हुए राजपूत सोचा था। प्रभावती को न पहचाना, पर यमुना और वीरसिंह को देखकर घृणा से भर गया।

"उस रोज नाव पर अवसर नहीं मिला मुझे बलवन्त, मैं ही प्रभावती हूँ। तैयार हो, देखा जाए, द्वन्द्व किसका रहता है," कहती हुई प्रभावती ने भाला मारा।

बलवन्त ने बचने के लिए जल्द घोड़े को बाएँ फेरा, पर वार बड़ा तेज था। भाला एक बगल से दाहिनी जाँघ पार कर जीन छेदकर कुछ

घोड़े के भी जा चुभा। बलवन्त के साथी उसी वक्त रास फेंककर भाग खड़े हुए, वे यमुना और वीरसिंह को जानते थे।

बलवन्त होश में था, पर घायल, डरा हुआ। वीरसिंह ने भाला निकालकर सँभालकर उतार लिया। वहीं लेटाकर यमुना को दूर ले जाकर कहा, "अब तो चलने की सूरत बदल गई। मैं इनको यहाँ से अपने एक केन्द्र में ले जाता हूँ, दूसरे रास्ते से। भागे सिपाही कहीं से मदद लेकर जल्द आ सकते हैं। वे हमें पहचान गए हैं। सम्भव, मनवा जाकर कुमार देव पर अत्याचार करें। तुम्हें बचकर भी जाना है और जल्द भी। महाराज को हमारे साथ कर दो। हम दोनों इन्हें सँभाल लेंगे। चिन्ता न करना, सचेत रहना।"

प्रभावती, देवी की तरह, स्पर्द्धा से खड़ी बलवन्तसिंह को देख रही थी। लौटकर यमुना ने कहा, "इन्हें प्रणाम करो बहू, यही तुम्हारे जेठ वीरसिंह हैं।" प्रभावती वीरसिंह को भक्तिपूर्वक प्रणाम करने लगी।

बलवन्त को देखकर यमुना की आँखें सजल हो आईं। तेज रक्तस्राव हो रहा था। पत्तियाँ लेकर रस निचोड़कर घाव बाँधने लगी। फिर करुण दृष्टिपात कर बोली, "भाई, तुम सच्चे भाई न हुए! बहन को अपराधिनी समझा, पर क्षमा करना। राज-दर्प से ईश्वर तुम्हारा भला करें।"

महाराज बड़े ताव से बलवन्त को देख रहे थे। यमुना की बातचीत से बिलकुल मूढ़ हो गए।

महाराज को वीरसिंह के साथ निश्चिन्त होकर रहने के लिए कहकर यमुना प्रभावती को लेकर प्रस्थान कर गई।

सत्रह

मनवा के किले से कुछ दूर, सरायन नदी के तट पर, एक एकान्त स्थान में, बबलू की डालों से घोड़े बाँधकर यमुना और प्रभा बैठी हुई हैं। रात डेढ़ पहर बीत चुकी है। प्रभावती अपनी आदर्श-देवी यमुना के सामने सिर झुकाए बैठी उनके उज्ज्वल चरित्र की कल्पना में लीन है।

''दीदी,'' प्रभा बोली, ''मैंने तुम पर बड़ा अन्याय किया है, पर वह अज्ञानकृत है, इसलिए क्षमा करना।''

''बहन,'' प्रभा का हाथ हाथों में लेती हुई सस्नेह यमुना ने कहा, ''ऐसे अपराध तो, मुमकिन, ज्ञानकृत भी अब तुम्हें करने पड़ें। पर भ्रम तो भ्रम ही है? उसके लिए क्षमा की क्या आवश्यकता है?—जगह भी नहीं। पारस्परिक व्यवहार का जब जो सम्बन्ध रहता है, तब वह पारस्परिक व्यवहार के अतिरिक्त और कुछ नहीं ठहरता, इसलिए वह अपने रूप में ही अनित्य है, फिर अनित्य के लिए क्या क्षोभ और क्या क्षमा? मैं तुम्हारी दासी थी, फिर भी तुम्हारे मन में मेरा ही आदर्श था—मैं ही वहाँ आराध्या बनकर रही, यह कम प्राप्ति नहीं। और देखो

कि इस तरह जीवन का रहस्य जीवन में किस तरह रहता है। जिसे लोग नहीं मानते, उसे ही लोग मानते हैं। जो दासी है, वही देवी है।''

यमुना आकाश की ओर देखने लगी। फिर स्थिर कंठ से बोली, ''अब हमें चलना चाहिए।''

प्रभावती उठी। वहाँ के रास्ते यमुना के परिचित थे। बचकर चलती हुई चारदीवार के एक कोने पर आकर खड़ी हुई। प्रभा को नाले के पास प्रतीक्षा करने के लिए छोड़ आई थी। चारदीवार के चारों ओर रात को पहरेदार लगते थे। सन्तरी घूमता हुआ आया तो एक स्त्री खड़ी हुई दिख पड़ी।

''कौन?'' सिपाही ने आवाज दी।

''मैं एक दुखी स्त्री हूँ।'' यमुना ने कहा।

सिपाही बढ़कर पास आया।

''तुम क्या चाहती हो?''

यमुना खिलखिलाकर हँसने लगी। ''क्या चाहती हूँ?—मैं खून चाहती हूँ।'' अट्टहास।...''इस पुरी में पाप बहुत बढ़ गया है! एक यमुना थी, राजा की लड़की थी, इसी पुरी में रहती थी, बड़े लाड़-प्यार से पली थी। एक वीर से उसने विवाह किया। चूँकि वह राजा न था, इसलिए उसका भाई नाराज हो गया। उसे देशनिकाला दिलवा दिया। अब गली-गली ठोकरें खाती फिरती है। क्यों सिपाही, तुम सिपाही की तरफ हो या राजा की तरफ?''

पहले सिपाही ने सोचा था, पागल है। अब संशय में पड़ा।

''क्यों पहरेदार? चुप क्यों हो? डरते हो।''

''तुम ठीक कहती हो। मैं सिपाही हूँ, सिपाही की तरफ हूँ। मैंने कुमारी यमुना को देखा है।'' सिपाही दुखी हो गया।

''तुम्हें उसके लिए स्नेह है?''

''मैं उसके लिए जान दे सकता हूँ।''

''अच्छा, और नजदीक आओ। अच्छी तरह पहचानो तो, मैं कौन हूँ।''

सिपाही अच्छी तरह देखने लगा। फिर राज परिवार को दी जानेवाली सशस्त्र सलामी दी। यमुना ने भी हाथ उठाकर अभिवादन द्वारा सिपाही का सम्मान किया।

कहा, ''बैठ जाओ। तुमसे कुछ बातें करूँगी।''

सिपाही चारदीवार के सहारे बैठ गया। एक ओर यमुना भी बैठ गई।

"कुमार देव को भाईजी यहाँ कैद कर लाए हैं, यह तो तुम जानते होगे?"

"जी हाँ।"

"वे घायल हो गए थे, अब अच्छे हैं?"

"जी हाँ, बहुत कुछ अच्छे हो गए हैं।"

"रतन अच्छी तरह है?"

"जी हाँ, कुमार की सेवा उन्होंने बड़ी तत्परता से की।"

यमुना सोचने लगी।

"भाईजी का क्या हाल है?"

"वे कर लेने के लिए गए थे, तब से नहीं आए।"

"क्या आज उनकी कोई खबर यहाँ आई है?"

"जी नहीं।"

"अच्छा, देखो, कुमार से मिलने की हमें जरूरत है। तुम पर किसी को सन्देह न हो पाएगा, विश्वास करो और अगर होगा भी, तो हम तुम्हें अपने साथ ले लेंगे, और अच्छी नौकरी देंगे, यों भी तुम्हें पुरस्कार देंगे, तुम हमारी मदद करोगे?"

"आपके साथ मुझे स्वर्ग का सुख होगा। आपकी आज्ञा पूरी करना मैं अपना सबसे बड़ा अवसर मानता हूँ। फिर जहाँ आप ऐसी दीनता से मेरी मदद चाहती हैं, वहाँ मेरे लिए इससे बड़ा मान और कोई नहीं, मैं कैसे भूल जाऊँगा?"

यमुना कुछ काल तक स्थिर रही, शान्त दृष्टि से सिपाही को देखती हुई। पूछा, "कुमार किस जगह रखे गए हैं?"

"इसी बैठक में," उँगली उठाकर सिपाही ने बगलवाले प्रासाद की ओर इंगित किया।

"तो एक काम करो। रात काफी हो गई है। प्रासाद के अधिकांश जन सो गए होंगे। शंका की कोई बात नहीं। मेरी एक सखी हैं, वे वहाँ बैठी हैं। मैं बुला लाती हूँ। मैं गई या वे, कुमार से मिलकर लौट आएँगी।"

सिपाही ने स्वीकृति दी। यमुना प्रभा के पास गई और वृत्तान्त समझाकर बुला लाई।

रास्ते में कहा, ''चारदीवार पर चढ़ना होगा।''

प्रभा मुस्कुरा दी। दीवार के पास आकर यमुना ने सिपाही से पूछा, ''आज का संकेत क्या है?''

''वज्र,'' नम्रता से सिपाही ने उत्तर दिया।

काँटा लगा कमन्द, जिसमें रस्सी की सीढ़ी बनी थी, हाथ में लेकर यमुना बोली, ''आओ, मैं काँटा फेंकती हूँ। ऊपर चढ़ जाओ। फिर खींचकर उतरकर बाएँ हाथवाले भवन में जाना। संकेत तुम्हें मालूम हो चुका है। लोग देख भी लेंगे, तो दासी समझेंगे।''

शिवजी का स्मरण कर प्रभा चढ़ी, फिर उतर गई।

अठारह

प्रभावती, धीरे-धीरे, सँभलती हुई चली। हृदय को भरकर लहराते हुए नए उच्छ्वास पुलकित कर राजकुमार की ओर प्रेरित कर रहे हैं। उत्सुकता शीघ्रता कर रही है, पर धैर्य और बोध बाँध रहे हैं। आनन्द को चरणों की गति से निकलने की बाधा मिली, तो दृष्टि से छलकने लगा। वहाँ के समस्त दृश्य रँगे हुए, जैसे राजकुमार की तरह आदर देने को खड़े हैं। एकान्त में देह से लिपटते हुए हवा के झोंके प्राणों को उभाड़ते हुए, दबाव को दूर करते हुए, पहले से ही प्रिय का मधुर सन्देश कह रहे हैं।

प्रभावती चलती गई, उस भवन के पीछे से बगल में आई, बगल से सामने। सामने मन्द-क्षेप सोपान पर चढ़ने लगी। निराभरण, भाव-भारा, दोलितान्तः करण। खम्भों की आड़ से प्रकाश की ओर बढ़ती गई, खम्भों की तीन कतारें पारकर एक बगल से देखा—राजकुमार मुद्रित-नयन पड़े हुए हैं। उनके पार्श्व में एक दूसरे आसन पर एक सुन्दरी बैठी हुई है। मुख राजकुमार की ओर, पीठ सोपानों की तरफ। सुगन्ध दीपक की कई शिखाएँ जल रही हैं, तरुणी कुछ देखने में

तन्मय है।

प्रभा धीरे-धीरे एक बगल हटती गई, वहाँ से सुन्दरी का दक्षिण पार्श्व अच्छी तरह दिखने लगा। प्रभा ने अनुमान किया—'यह दीदी यमुना की छोटी बहन रत्नावली होगी। वेश-भूषणों से राजकुमारी लगती है।' स्तब्ध खड़ी रही।

भिखारी से खरीदी मोतियों की माला पहने हुए सुन्दरी हृदय पर रहनेवाला उसी का क्षुद्र हीरक-पान पूरे आश्चर्य से देख रही थी। उसके दूसरी ओर 'देव' लिखा था। ये कुमार देव थे, यह सुन्दरी मालूम कर चुकी थी। यह माला कुमार 'देव' की है, यह अब मालूम हुआ। यमुना की घटना से प्रेमवैचित्र्य में पड़कर कुमारी एक कवयित्री की तरह उस देश के अज्ञात युवक को भी प्यार करती थी, राजकुमार को एकाएक प्राप्त कर उसने अपना सौभाग्य ही माना था। आज माला देखकर ऐसा मालूम हुआ, जैसे देवता पहले से प्रसन्न होकर हृदय में आ विराजे हों। भरकर हृदय के अन्तःपुर से निकली और कुमार को देखने लगी।

एकाएक कुमार ने भी पलकें खोलीं, दृष्टि कुमारी की माला पर गई। समझकर जैसे उसने कहा, "यह माला आपकी है। मैंने एक भिक्षुक से खरीदी है।"

राजकुमार ने मन्द स्वर से कहा, "मैंने एक दूसरी माला के लिए, बदले में यह माला दी थी।" कहकर प्रभावतीवाली माला की लड़ी पकड़कर उठाई। झुककर रत्नावली पान पढ़ने लगी। 'प्रभावती' लिखा था।

एक बार सारा संसार रहस्यमय मालूम दिया। जिसने उसके हृदय को इतने स्वप्नों से रँगा था, इच्छा-प्राप्ति का इतना बड़ा विश्वसनीय प्रमाण दिया था, उसी ने एकाएक साबित कर दिया कि वह सोची हुई सारी कविता, वह पाया हुआ समस्त प्रमाण झूठा था, यमुना का घटनाक्रम उसके जीवन का घटनाक्रम नहीं बन सकता। यमुना को जहाँ सफलता मिली, उसे वहाँ पूरी असफलता हुई। कुमारी स्तब्ध बैठी सोचती रही। वह प्रभावती की जगह ले, कितना पतन उसके स्त्रीत्व का साबित होगा!—वह देवी यमुना की बहन कहलाने योग्य न रहेगी! छिः-छिः!!

प्रभा के लिए राजकुमार के अकृत्रिम भाव का इससे अधिक पुष्ट

और क्या प्रमाण होगा? प्रभा का सारा आनन्द सरोवर की लहरों की तरह हृदय के तटों में बँधा रहा। इससे अधिक सुख परिणीता के लिए क्या होगा?

रत्नावली निश्चय के साथ गम्भीर हो गई। जीवन का जो उपाय एक को उठाता है, वह दूसरे को गिरा देता है; कमल सूर्य को पाकर खिलता है, पर वह नियम जूही के लिए नहीं। जूही रात्रि के अन्धकार में हँसती है।

राजकुमार शून्य दृष्टि से रत्नावली को देख रहे थे।

एक ही क्षण में जैसे रत्नावली की कुमारी-सुलभ भावनाएँ बदल गईं। स्थिर सहृदय कंठ से पूछा, ''कुमार, आप क्यों कैद किए गए, अभी तक मैंने आपसे नहीं पूछा, आपकी हालत अच्छी नहीं थी, इसलिए।''

''प्रभावती मुझे चाहती थी। पर उनके पिता बलवन्त से उन्हें ब्याहना चाहते थे।'' कुमार धीरे-धीरे कह रहे थे। रत्नावली ने पूछा, ''भाईसाहब तो कई विवाह कर चुके हैं। फिर भी इन्हीं से आग्रह क्यों?''

''राजनैतिक कारण कह सकते हैं।'' कहकर कुमार चुप हो गए।

''फिर?'' साग्रह राजकुमार को देखती हुई रत्नावली ने पूछा।

''फिर विवाह की रात नाव पर मैं कैद हुआ। यमुना देवी वहीं प्रभावती के पास थीं। हमारी नाव जा रही थी, बलवन्त की नाव, जिस पर महेश्वरसिंह भी थे, आ रही थी। पिता के सम्मान के विचार से प्रभावती गंगा में कूद गई। अपशब्द कहने पर बलवन्त पर क्रोध से यमुना देवी ने भाला चला दिया। वे बच गए, पर एक सिपाही घायल हो गया। सम्भव, काम आ गया हो। फिर प्रभावती की रक्षा के विचार से वे भी गंगा में कूद गईं। वार मुझ पर हुए। मैं घायल हो गया। फिर नहीं मालूम।'' राजकुमार धीरे-धीरे कहते हुए चुप हो गए। रत्नावली चित्रार्पित-जैसी स्थिर बैठी इस प्रसंग पर सोचती रही। अपने पर बड़ी ग्लानि हुई।

कुछ काल बाद, राजकुमार की शान्ति में विघ्न न हो, इस विचार से, परिचारिकाओं को भेज देने के लिए उठी। रात अधिक हो चुकी थी, इसका भी ख्याल था और भावी कार्यक्रम की रचना का भी।

रत्नावली ने उठते ही प्रभावती जल्द-जल्द सोपान से नीचे उतरकर

एक बगल खड़ी हो गई। रत्नावली धीरे-धीरे उतर रही थी। सामने छायाकार अज्ञात किसी को देखकर चौंकी। चाँदनी निकल आई थी। रत्नावली चोर के भय से त्रस्त न हो, इस विचार से प्रभा चाँदनी में आकर खड़ी हो गई।

"कौन हो?" रत्नावली ने पूछा।

"इधर आओ, शब्द न करो, यमुना देवी ने सम्वाद भेजा है।"

देवी यमुना को इस समय सहायता की जरूरत होगी, यह कल्पना कर रत्नावली बढ़ गई। पास जाकर देखा, स्त्री है। फिर पूछा, "तुम कौन हो?"

"मैं यमुना की दासी हूँ।"

"तुम्हारा नाम?"

"आभा।"

"आभा?"

"जी।"

"प्रभावती को तुम जानती हो?"

"जानती हूँ।"

"इस समय वे कहाँ हैं?"

"कान्यकुब्ज में।"

"तुम आईं किस तरह?"

"दीवार के ऊपर से, रस्सी की सीढ़ी से होकर।"

"सिपाही ने नहीं देखा?"

"देखा है, पर देवी यमुना के नाम से आने दिया।"

"यहाँ किससे तुम्हारा काम है?"

"आपसे।"

"या राजकुमार से?"

"आपसे न मिलती तो राजकुमार से होता।"

"क्यों?"

"इसलिए कि लाचारी होती। कुमार के घाव भर रहे हैं। यमुना देवी और प्रभावती के जीवित रहने का सम्वाद हर्ष का कारण होता, घावों को क्षति पहुँचती है।

"क्या काम है?"

"महेश्वरसिंह स्वार्थवश बलवन्त से प्रभावती का विवाह करना

चाहते थे। लालगढ़ के महेन्द्रपाल से पहले का वैमनस्य आपको मालूम है। बलवन्त के कहने से महेश्वरसिंह ने यह प्रमाण दिया है कि जबरन कुमार देव ने प्रभावती का हरण किया, जब वे नाव में विहार कर रही थीं। ऐसा खासतौर से बलवन्त को नीचा दिखाने के लिए किया। प्रभावती का विवाह बलवन्त से हो रहा है, यह प्रसिद्धि फैल चुकी थी। महेन्द्रपाल कैद कर लिए गए हैं। उपयुक्त प्रमाण न पहुँचे तो जल्द उनके शिरश्छेद की आज्ञा निकलेगी। सम्भव, किला भी जब्त किया जाए।"

"हाँ, यह तो ठीक है।" सोचती हुई रत्नावली बोली, "कुमार देव के स्वास्थ्य पर इसका भी बुरा प्रभाव पड़ेगा।"

"जी।"

"अच्छा, आओ, मेरे साथ रहो।"

"जी नहीं, मुझे आज ही यहाँ से जाना है।"

"तुमसे वहाँ कहाँ मुलाकात हो सकती है। मैं दीदी को एक बार देखना चाहती हूँ।"

"स्थान का निश्चय नहीं। इसलिए ठीक तौर से नहीं कह सकती। उनसे आपका सम्वाद कह सकती हूँ।"

स्थिर दृष्टि से प्रभा को देखती हुई—"तुम उनके पास से आई हो, इसका क्या प्रमाण है?" कुछ तेज गले से राजकुमारी ने पूछा।

तत्काल प्रभा अँगूठी निकालकर दिखाती हुई बोली, "यह, प्रभावती को मिली कुमार की अँगूठी देते हुए उन्होंने कहा था, पहचान के लिए यह काफी है।"

हाथ में लेकर चाँदनी में चमकते अक्षर पढ़कर, स्थिर भाव से देती हुई रत्नावली बोली, "हाँ, ठीक है। पर, तुम्हारी दृष्टि और जबान दासी की नहीं जान पड़ती।"

प्रभावती चौंकी। सँभलकर बोली, "मुझे उन्हीं से शिक्षा मिली है।"

"क्या गंगा पार करते समय वे कोई दासी भी ले गई थीं?"

"नहीं, बाद को मिली।"

"अच्छा!" साँस छोड़कर रत्नावली बोली, "मेरा प्रणाम कहना, और कहना, चिन्ता न करें।"

चलकर प्रभा ने देखा, जिस सीढ़ी से वह उतरी थी, वह नहीं है।

दीवार इतनी ऊँची है कि वह चढ़ नहीं सकती। चारों ओर घूमकर, देखकर, लौट आई।

कुछ देर तक खड़ी सोचती रही। किधर से निकले, कुछ समझ न सकी। राजकुमार के पास उन्हीं के हित के विचार से नहीं जाना चाहती। उनकी हालत भी अभी तक ऐसी नहीं हुई कि वे खुद इस विपत्ति में कुछ प्रतिकार कर सकें। अन्त में निश्चय किया कि रात का संकेत-चिह्न मालूम ही है, कुमार के मकान के सामने से जो रास्ता गया है, उसी से बाहर निकलेगी, पकड़ गई तो जो होगा, होगा। चल दी। रात का तीसरा पहर था। कई जगह सिपाहियों ने टोका। पर 'रत्नावली की दासी और वज्र' सुनकर सबने छोड़ दिया। ईश्वरेच्छा से वह रास्ता सरायन के घाटवाले फाटक की ओर गया था। फाटक से बाहर निकलकर घाट के बाईं ओर से अपने स्थान की तरफ चली। सरायन का किनारा देखे रही। बढ़ती हुई अपनी जगह पर आई। देखा, सिर्फ उसी का घोड़ा बँधा है। बड़ा आश्चर्य हुआ। दीदी प्राण रहते छोड़ जानेवाली न थीं। निश्चय किया, कोई बड़ी घटना हुई है। पर मालूम करने का उपाय न था। थक गई थी। पलकें मुँदी आ रही थीं। आशा थी कि दीदी कहीं गई होंगी तो सुबह तक लौट आएँगी। प्रतीक्षा करनी चाहिए। इसी विचार से हरित तृण-संकुल तट पर धीरे से लेट रही। आँख लग गई।

उन्नीस

बलवन्त का घायल अवस्था में ले चलना असम्भव था। आड़ में एक नाले के भीतर उन्हें और महाराज को छोड़कर, पालकी या डोली जो कुछ मिल जाए, लेने के लिए वीरसिंह गाँव की तरफ गए थे। महाराज एकान्त में धार्मिक भावना से विचलित कर अपनी तरफ खींचने का प्रयत्न करने लगे। भाव में भरकर बोले, "वह महाराज सिवसरूप हम ही हैं। देश-निकाला दिलवाए दिह्यो। बरामन का सराप आखिर पड़ा न?" बेबस बलवन्त पलकें मारते सुनते रहे। महाराज कहते गए, "हमारे पास चार भलेमानुस आते हैं, चार नंगालुच्चौ आते हैं। मगर हम किसी की बात नहीं कहते। मान लेव, आपै एक ठकुराइन ले आओ तो अब हम कहते फिरैं कि मनवा के महाराज ठकुराइन भगाए लाए रहें। ऐसे उस मामले को समझो। अब तो आए गया आपकी समझ में कि महाराज का कसूर नाहीं रहै?"

बलवन्त की पीड़ा बढ़ी थी। चुपचाप पड़े सुन रहे थे। इसी समय दूर गर्द उड़ती देख पड़ी। ये बलवन्त के वही भगे आदमी हैं, बलवन्त को बचाने और बदला लेने आ रहे हैं। महाराज ने निश्चय किया।

नाला काफी गहरा था। वहाँ से आदमी और घोड़े न देख पड़ते थे। पर आनेवाले बगैर खोजे छोड़ न देंगे, वीरसिंह भी नहीं हैं, अकेले महाराज किसका-किसका मोहरा लेंगे, अभी भगने का समय है, फिर पछताना हाथ रहेगा, ऐसा सोचकर महाराज घोड़े पर सवार होकर उल्टी तरफ भागे।

जब वीरसिंह डोली-कहार लेकर आए, तब न वहाँ महाराज थे, न बलवन्त। बहुत-से घोड़ों की टापें बनी थीं, मालूम हुआ कि घोड़े कान्यकुब्ज की ओर गए हैं। डोली-कहार वहीं से बिदा करके वीरसिंह मनवा की ओर चले। चिन्ता से मस्तिष्क और हृदय भारी हो रहा था। इतनी उलझनें पड़ गई थीं कि कोई उपाय न सूझ रहा था। घोड़ा बढ़ाते, थके हुए, तरह-तरह के विचार करते चले जा रहे थे। मनवा दुर्ग का नक्शा उन्हें मालूम न था। यमुना दुर्ग के भीतर न जाएगी, वे जानते थे, उसका रहना वहीं किसी एकान्त में नैश काल-भर के लिए सम्भव है, उन्होंने निश्चय किया। पहले जो बातचीत हुई थी, उसका रूप उनके न रहने के कारण बदल गया होगा, उन्होंने स्थिर किया।

इस प्रकार कल्पना करते मनवा पहुँचे। घोड़े को दूर एक डाल से बाँधकर, परिच्छद उतार, साधारण पहनावे में यमुना की खोज में चले। काफी रात हो चुकी थी। नाले में फिरते हुए इधर-उधर बहुत देखा, पर कुछ पता न चला। धीरे-धीरे चाँदनी फैल चली। दुर्ग के दीवार के पास दो आदमियों को अस्पष्ट देखा। दोनों के परिच्छद की भिन्नता से सन्देह हुआ। अपना सांकेतिक शब्द किया। यमुना समझ गई। चिन्ता भी बढ़ी। प्रभावती को गए देर हो चुकी थी। अब तक उसे लौट आना था। सन्तरी से जल्द लौटने को कहकर उत्कंठा से शब्द के सीधे चली। यह शब्द दूसरे का नहीं हो सकता। इसी से वीरसिंह कभी-कभी रात को दलमऊ में उसे बुलाते थे। देखा, वीरसिंह ही हैं।

"क्या है?" साश्चर्य यमुना ने पूछा।

"सब ठाट उलट गया।" वीरसिंह मन्द स्वर से बोले।

यमुना शंकित पदक्षेप से सरायन की ओर बढ़ती गई।

"भाईसाहब का क्या सम्वाद है?" सोचते हुए पूछा।

"उनके साथियों ने उन्हें छुड़ा लिया, महाराज का पता नहीं, भागे या कैद कर लिए गए। जो सिपाही कट गए थे, वे कई सहायक लेकर लौटे, जान पड़ता है। मुझे डोली लेकर आते देर हो गई। वहाँ देहात

में हमारा अपना आदमी माल खरीदने के बहाने रहता है। उससे मालूम हुआ, वह उसी समय कान्यकुब्ज से लौटकर आया था। हम लोगों के कुछ बाद चला था। कहा कि रामसिंह पकड़ लिया गया है।—उसे मालूम न था—दलमऊवाली चिट्ठियाँ उससे गिर गईं या किसी तरह चुरा ली गईं। वहाँ की हमारी सारी व्यवस्था अब तक बदल चुकी होगी। रामसिंह के प्राणों की शंका है। राजा महेन्द्रपाल भी अब शायद नहीं बचाए जा सकते। बलवन्त की जगह आकर देखा, घोड़े की टापें कान्यकुब्ज की ओर बनी हैं।''

यमुना खड़ी हो गई। एक गहरी साँस छोड़ी, ''यहाँ प्रभावती भी नहीं लौटी। देर हो गई। सन्तरी के बदलने का समय आया, विपत्ति की सम्भावना यहाँ भी दिख रही है।''

''वैसी नहीं, समझदार तो हैं प्रभा?''

''समझदार तो है, पर अनभ्यस्त है। ऐसे कुयोग का सामना नहीं किया कभी।

''कुछ बात नहीं, एक अभिज्ञता होगी, ऐसा खतरा नहीं। सिपाही से मिलकर और मेल कर लो कुछ देकर।''

''शायद ही वह मुझसे पुरस्कार ले!''

''समझाकर दो, बदले में या सहानुभूति में प्रभा की सहायता करे जो कुछ उससे हो, और काँटा निकाल लो, सदर से भी निकल सकती है, बहुत सम्भव है आवेश में कुमार के पास रह जाए, और जिस कार्य के लिए गई है, उसकी पूर्ति तो यहाँ से हो भी नहीं सकती—उतना समय ही नहीं रहा। मैं तुम्हें लेने आया हूँ। वहाँ तुम्हारे बिना न बनेगा। जल्द चलना है।''

''अच्छा।''

यमुना सिपाही के पास गई। कुछ स्वर्ण-मुद्राएँ निकालकर, इनकार करते हुए को समझाकर दीं, और यथासाध्य सन्देशवाहिका की सहायता के लिए कहा। फिर काँटा निकालकर उतर गई, पत्र पर, कागज लेकर सांकेतिक एक चिट्ठी, चाँदनी में लिखी और प्रभा की उतारी जीन के सामने खोंसकर वीरसिंह के साथ, थके घोड़ों से भी जितना रास्ता तय हो—विचार कर गोमती पारकर कान्यकुब्ज की ओर चली।

बीस

"चाचा!"

राजा महेन्द्रपाल कैदखाने के एक बगल बैठे हुए तरह-तरह के विचारों में गर्क थे। अभी तक कैद होने का कारण मालूम नहीं हुआ। कमरे में स्वल्पमात्र प्रकाश है। यह कौन-सा भतीजा साथ रहने के लिए आया, पहचानने के लिए आँखों में जोर लगा रहे थे कि रामसिंह ने फिर कहा, "चाचा!"

"कौन?"

"मैं, आपका खुशनसीब भतीजा हूँ!"

"खुशनसीब भतीजा!"

"जी हाँ।"

"खुशनसीब कैसे?"

"ऐसे", रामसिंह ने दंड-प्रणाम करके कहा, "आपके शुभदर्शन हुए।"

राजा महेन्द्रपाल ने गौर से देखा, पर पहचान न सके। कभी देखा है। ऐसा भी न मालूम हुआ। पूछा, "तुम्हारा नाम?"

रामसिंह गिड़गिड़ाता हुआ बोला, ''महुए के पेड़ और फल की तरह यह बदकिस्मत वही नाम रखता है जो श्रीमान् का है।''

''मजाक करते हो?''

पैर छूकर रामसिंह ने कहा, ''चाचा, मजाक करता होऊँ तो...क्या कहूँ बाहर होते तो अपनी पतोहू से पूछ लेते!''

''बेवकूफ, पतोहू तेरा नाम क्यों बताती?'' राजा महेन्द्रपाल हँस दिए।

''चाचा, आपकी पतोहू ने ही तो मुझे यहाँ भेजा है। बड़ी सती है। बोली, जाओ। चाचाजी तो कैद में रहें और तुम गुलछर्रे उड़ाओ?–तुम न रहोगे तो क्या होगा?–तुम्हारे चाचाजी बच जाएँगे, तो सब कुछ है!''

''तू बड़ा बेवकूफ है रे!'' राजा महेन्द्रपाल स्नेह से रामसिंह को देखने लगे।

''लेकिन चाचा, बात तो ऐसी ही है।'' रामसिंह शून्य दृष्टि से महेन्द्रपाल को देखने लगा।

''तू कैसे फँसा?'' महेन्द्रपाल ने करुणा के स्वर से पूछा।

''फँसा कहाँ चाचा? उसी ने कहा फँस जाओ। मैं परोहन खोजने गया था–''

परोहन सुनकर चौंककर खिंचते हुए महेन्द्रपाल ने पूछा, ''तू धोबी है?''

''धोबी होता तो तुम्हारे पास इस कैदखाने में पहुँचता क्या? चौहान हूँ। तुम्हारी पतोहू धोबिन है। कोई-न-कोई परोहन रोज खोती है। मैं खोज लाता हूँ–''

''क्या बकता है, बे-सिर-पैर की!''

''चाचा, बाद को समझिएगा। सब बातें सिर-पैर की हैं। सुनते जाइए। जहाँ न समझ में आए, समझ लीजिए कि बाद को समझिएगा। ऊँची बात है। फिर ऐसे ही परोहन खोज रहा था कि दो चिट्ठियाँ मिलीं। एक थी राजा महेश्वरसिंह की, एक राजा बलवन्तसिंह की। दोनों में था कि राजा महेश्वरसिंह की लड़की प्रभावती से कुमार देव ने जबरदस्ती गान्धर्व विवाह कर लिया है। पर महेश्वरसिंह अपनी कन्या बलवन्त से ब्याहना चाहते थे। चूँकि महेश्वर और बलवन्त से आपकी पहले की लागडाट थी, इसलिए

अपने लड़के को सिखलाकर आप सफाई के लिए यहाँ चले आए। पर आपका मतलब था कि ताक में रहकर देख मौका पाते ही जबरदस्ती गान्धर्व विवाह कर ले। फिर तो प्रभावती पति का विचार कर सती-भाव में अचल रहने के लिए चूँ भी न करेगी। ऐसा ही हुआ। महेश्वर और बलवन्त जब वसूली के लिए पूरब गए तब पूर्णमासी को—यही जो बीती है—जासूसों से पता पाकर कि प्रभावती चाँदनी में नौका-विहार करेगी, कुमार देव कुछ साथियों के साथ आए, एक दूसरी नाव पर चढ़कर प्रभावती की नाव पर पहुँचे और जबरदस्ती विवाह कर लिया। बेचारी अबला विवश हो गई। फिर तो पति हो ही चुके थे। उनके साथी सब विदा हो गए और देव प्रभावती के साथ विहार करते हुए बहाव में बहते गए। इसी समय ईश्वर की कृपा से उधर से बलवन्त और महेश्वरसिंह आ पहुँचे। कुमार देव और बलवन्त में तकरार हो गई। कुमार घायल हो गए। उनकी सेवा-शुश्रूषा के लिए बलवन्त उन्हें अपने यहाँ लिए जा रहे हैं। उनका जो अपमान यह दोबारा किया गया, इसका महाराजाधिराज ही उचित विचार करें। यह हाल उन दोनों चिट्ठियों में था। चिट्ठियाँ महाराजाधिराज के पास पहुँच गई होतीं तब तो चाचा, तुम्हें मरे कई रोज हो गए होते!" कहकर महेन्द्रपाल की टाँगें पकड़कर रोने लगा।

महेन्द्रपाल के चेहरे पर हवाइयाँ उड़ने लगीं।

फिर उन्हें गौर से देखता हुआ बोला, "फिर महेश्वरसिंह आए। महाराजाधिराज से सारा हाल कहा। उन्हें मालूम हुआ कि वे चिट्ठियाँ नहीं पहुँची। हरकारे को किसी ने मालदार समझकर लूट लिया, सोचा होगा। फिर चाचा, तुम्हारी पतोहू ने उन चिट्ठियों को पढ़ा तब तुम गिरफ्तार हो चुके थे। पढ़कर बोली, 'महेन्द्र, तुम्हें धिक्कार है जो तुम यहाँ बैठे हो! चाचा, मेरा नाम लिया न, जो तुम कहते थे, न लेगी? फिर बोली, जाओ अपने चाचा के पास और कहो कि तुम महेन्द्र बच जाओ, मैं अपना सिर कटवाता हूँ। मैं यहाँ बलवन्त और महेश्वरसिंह की सारी कारस्तानी अच्छी तरह धोए देती हूँ। मैंने कहा, तुम्हें धोने में क्या देर होगी, तुम तो अपने आपको धोए बैठी हो, लेकिन मैं चाचा के पास जाऊँगा कैसे? बोली, ये चिट्ठियाँ किसी सिपाही के सामने गिरा दो चलते-चलते, फिर खड़े रहो, जरा दूर कुछ खाते-पीते देखते-सुनते हुए, फिर देख लो, क्या हाल होता है। फिर तो चाचा

देखते हो कि क्या कमाल हुआ?"

महेन्द्रपाल पस्त हो गए। रामसिंह देखने लगा, कि वे शिथिल हो गए हैं। बोला, "चाचा तुम्हें सफाई पेश करने की फुरसत न दी जाएगी। बस आज ही कल हो रहा है, जब भी कत्ल की आज्ञा निकल जाए।"

निस्तेज राजा महेन्द्रपाल कान्यकुब्ज का प्रचलित ढंग जानते थे। विचार किस तरह पारस्परिक ईर्ष्या के कारण मन्त्रणा-भवन में ही हो जाता है, किस तरह सफाई पेश करने का मौका न देते हुए हमेशा के लिए अभियुक्त को संसार से बिदा कर देते हैं। इसके अनेक रूपों में राजा महेन्द्रपाल प्रतिस्पर्धियों के मामले में पेश आ चुके थे। बोले, "तुम ठीक कहते हो। जो कुछ मेरे सम्बन्ध में कहा है, सही मालूम देता है। पर, तुम हो कौन?"

रामसिंह हँसा। कहा, "चाचा, मेरा परिचय तो आपको मिल चुका है। इससे ज्यादा आपकी समझ में न आएगा। अच्छा, यह तो बताइए, कहीं किसी लड़की पर, जब वह तेरह साल की थी, रात को बदमाश उठा ले गए थे और एक नर्तकी के यहाँ बेचा था, आपकी कृपा-दृष्टि थी? लिखाने-पढ़ाने और गाना सिखाकर होशियार कर देने की उदारता आपने दिखाई थी?"

"हाँ।"

"इसके लिए आपने यथेष्ट धन भी खर्च किया था?"

"हाँ।"

"क्यों?"

राजा महेन्द्रपाल चुप रहे।

"फिर उसका क्या हुआ?"

"फिर वह महाराजाधिराज के यहाँ नाचने आई?"

"अपनी इच्छा से?"

राजा महेन्द्रपाल चुप रहे।

"यह किसकी लड़की थी?"

राजा महेन्द्रपाल त्रस्त दृष्टि उठाकर रह गए।

"बतलाइए चाचा!"

महेन्द्रपाल लज्जित हो गए।

"उसे जो बदमाश लेकर भगे थे, उन्हें आप जानते थे?"

महेन्द्रपाल झूठ न बोल सके।

रामसिंह मुस्कुराया। कहा, ''उसी ने आपको बचाने के लिए भेजा है। यद्यपि वह आपकी पाली हुई नर्तकी, लड़की है, पर मेरे सम्बन्ध से बहू है।''

''तुम्हारा मतलब सिन्धु से है।''

''हाँ, सिन्धु से। महाराजाधिराज के यहाँ से उससे बुरे तौर से आप फायदा नहीं उठा सके, इसलिए इस समय वह सच्चे तौर से आपके उद्धार के लिए कटिबद्ध हुई है।''

राजा महेन्द्रपाल कृतज्ञता के भार से सिर झुकाए हुए बैठे रहे।

शीशे की पतली पाती में लपेटी, चवन्नी से कुछ बड़े आकार के गोल काठ पर पक्के रंग से खींची एक तस्वीर गाल के भीतर से निकालकर, पर्त खोलते हुए रामसिंह ने पूछा, ''अच्छा, चाचा, वीरसिंह कोई आपके यहाँ था?''

''हाँ, था।'' आशा से उमड़कर महेन्द्रपाल ने कहा।

''बड़ा बदमाश आदमी था?''

महेन्द्रपाल फिर बैठ गए।

''अच्छा चाचा, देखिए तो, यह किसकी तस्वीर है?'' गोल काठवाला टुकड़ा रामसिंह ने महेन्द्रपाल को दिया। प्रकाश की ओर करके देखते ही महेन्द्रपाल बोले, ''हाँ, वीरसिंह की है।''

''अच्छा दे दीजिए।'' लेकर रामसिंह अन्यमनस्क हो गया। उसे वीरसिंह ने कभी अपना परिचय नहीं दिया। यमुना के आने के बाद उसे सन्देह हुआ था। वह हृदय से वीरसिंह का भक्त था, धीरसिंह को भी वह आचार्य मानता था। आज दोनों सूरतों के एक हो जाने से उसे जैसे जीवनमुक्ति का आनन्द मिलने लगा। स्नेह, श्रद्धा तथा क्षोभ एक-साथ उमड़ने लगे।

''तुम परोहन खोजने की बात कहते थे, सिन्धु का परोहन कहाँ हैं?'' बैठे-बैठे महेन्द्रपाल ने पूछा।

''वह आदमियों को परोहन कहती है।'' अन्यमनस्क भाव से कहकर रामसिंह सोचने लगा।

इक्कीस

महाराज शिवस्वरूप घोड़ा बढ़ाते हुए कान्यकुब्ज से पूरबवाले गंगा के घाट पर आए। सन्ध्या होने को कुछ समय रह गया। पार कर एक लक्ष्य से बढ़ते हुए विद्या के मकान के सामने आकर घोड़ा रोका। कुछ मजूर बाजार में खड़े थे। एक को बुलाया और दाम देकर जल्द घास और दाना आदि ले आने के लिए कहा, फिर जमकर वहीं की एक सराय में उतरे। परिचय आदि देने का पहले से अभ्यास पड़ चुका था, दबे नहीं। घोड़े के आराम और दाने-चारे का प्रबन्ध कर, स्वयं भी कुछ जलपान कर निश्चिन्त चित्त से झूमते हुए विद्या के जीने पर चढ़ने लगे। देखा विद्या उदास बैठी है।

महाराज को देख उठकर स्नेह-सम्भाषणपूर्वक पास बैठाला, यथा-साध्य भाव को बदलने का प्रयत्न करती हुई।

"बड़ा धोखा हुआ," महाराज अनेक भावों से विद्या को देखते हुए बोले।

"क्या?" सोचती हुई, धीरे स्वर से विद्या ने पूछा।

"आज मालूम हुआ कि प्रभावती की दासी जिसका नाम यमुना

है, वही बलवन्तसिंह की बहन यमुना है।''

''हाँ,'' विद्या अपने स्वल्प निश्चय को मन में दृढ़ करती हुई बोली, ''मुझे तो बहुत दिनों से मालूम था।''

''और उनके पति वीरसिंह को भी आज देखा। देखा तो पहले था, जब प्रागराज से आ रहे थे--साधू बने बैठे थे—क्या कहैं, माथा टेकना पड़ा, पर कोई दोख नहीं, भेख की पूजा है। पर आज पहचाना। बड़ी विपत रही।'' कहकर महाराज ने लम्बी साँस छोड़ी।

विद्या और सचेत होकर देखने लगी। महाराज अपनी यात्रा आगमन तक सारा हाल बयान करने लगे।

दरवाजा बन्द करा विद्या ध्यान लगाकर सारा विवरण सुन रही थी। देर तक महाराज ने उसका वर्णन किया। कोई बात न छूटी। अनेक प्रकार के भाव विद्या के मुख पर प्रतिफलित हुए, जिनका मतलब महाराज की समझ में प्रेयसी के विभिन्न सौन्दर्य के रूप में ही आया।

रात एक पहर का वक्त हुआ, ऐसे समय दासी ने आकर कहा, ''महाराजाधिराज के यहाँ से धावन आया है, महाराजाधिराज याद करते हैं।''

आज विद्या के गाने का दिन न था, एकाएक महाराजाधिराज के स्मरण करने का कारण उसके लिए शुभफलप्रद हो सकता है, सोचकर मन मन में मुस्कुराई। महाराज से कहा, ''मुझे महाराजाधिराज के यहाँ जाना है। आप यहीं विश्राम कीजिए। मैं अधिक-से-अधिक डेढ़ पहर रात रहने तक लौटूँगी।'' फिर हँसती आँखों देखती हुई, ''आपको कुछ गाने-बजाने का शौक है।''

''हाँ,'' महाराज गम्भीर होकर बोले।

''क्या बाजा बजाते हैं?''

''बीन बजाता हूँ। अरे भाई, हमको काम कौन है? हम किसी राजा से घटकर थोड़े हैं।''

''घटकर क्यों हैं? आप तो ईश्वर के यहाँ से महाराज होकर आए हैं?''

महाराज प्रौढ़ भाव से हँसे। चपल चलती हुई विद्या बोली, ''अब मुझे जरा सजना है। फिर जल्द मौका निकालकर एकान्त में मेरा आपका गाना-बजाना होगा—मैं गाऊँगी, आप बजाएँगे। फिर आप

गाएँगे, मैं बजाऊँगी। बड़ा आनन्द रहेगा। देखूँ मैं आपकी चेली होती हूँ या आप मेरे चेला?''

विद्या दूसरे कक्ष में चली गई। महाराज मन-ही-मन संकोच कर रहे थे। सोच रहे थे, संसार कुछ नहीं, धर्म ढकोसला है। कहीं भी यहाँ का जैसा आनन्द नहीं। विद्या के साथ एकान्त में जो सुख होगा, वह स्वर्ग में दुर्लभ है। प्रभावती के साथ आने का यह सबसे बड़ा लाभ हुआ। आगे-पीछे कोई है ही नहीं। माँ गाँव में पड़ी रहेगी। उसे कोई कष्ट न होगा। मुझे भी और क्या चाहिए।

महाराज इसी प्रकार की कल्पनाओं के स्रोत पर बह रहे थे कि विद्या सजकर सामने आ खड़ी हुई। महाराज आश्चर्य से देखने लगे।

फर्श पर अँगूठी की रगड़ से नुपूरों की रणन गुँजाकर मधुर स्वर से अप्सरा ने पूछा, ''यहाँ रहते हुए आपको कोई चिन्ता अवश्य नहीं!''

''कुछ नहीं। चिन्ता तो हम बहुत पहले छोड़ चुके हैं। वहाँ सराय में घोड़ा बँधा है, कोई खोल तो न ले जाएगा?''

''मेरे नौकर को लेकर सराय से घोड़ा और सामान ले आइए। मैं जाती हूँ।''

नीचे रथ सजा था। साजिन्दे बैठे थे। बीच विद्या बैठ गई। रथ राजमहल की ओर चला।

बाईस

मणि-फलित सहस्रों दीप के आलोक से प्रमोद-भवन झलमला रहा है। देहरी, द्वार, खम्भे पटाव से लेकर समस्त वस्तुएँ, राजासन आदि भारत की श्रेष्ठ कारीगरी के आदर्श। चारों ओर से द्वार मुक्त। एक ओर शुभ्र जाह्नवी की जलधारा रात्रि की नीलमसिरेखा-सी प्रतीत होती हुई। अपर तीन पार्श्व प्रकृति के अन्य शोभन दृश्य नैश अन्धकार की अस्पष्टता से स्पष्ट करते हुए। मुक्त हवा सुगन्धियों से भीगी बहती हुई। भीतर और बाहर की समस्त दृश्यावली, तारकाखचित आकाश तक, जैसे इस महाशक्ति को मानकर नत होती हुई आज्ञापूर्ति के लिए सन्नद्ध है—महाराजाधिराज के मनोरंजन के लिए उद्यत। सारे फर्श पर सुख-स्पर्श बिस्तर लगा। पान और पात्र राजासन के सामने मणिपीठ पर रखे हुए। प्रवेश-द्वार पर सशस्त्र सिपाहियों का पहरा।

महाराजाधिराज की आज्ञानुसार सेवकों ने केवल नर्तकी को छोड़ने के लिए कहा था। इसलिए साजिन्दों को सिपाहियों ने बाहर प्रतीक्षा करने के लिए कहा, जब तक संगीत के लिए संगत की आज्ञा से पुकार न हो। केवल विद्या नूपुरों के मधुर रव से विलास के उस

आकाश और सौध को रणित करती हुई कक्ष के भीतर गई। पूर्ण प्रौढ़ महाराजाधिराज जयचन्द बैठे हुए विचारमग्न सेविकाएँ चवर ढुरती हुई। एक बगल विद्या हाथ जोड़कर खड़ी हो गई। आँख उठाकर महाराजाधिराज मुस्कुराए। नम्र मुस्कुराहट से उत्तर देती हुई विद्या पात्र पूर्ण कर मधुर भंगिमा से हाथ बढ़ाकर खड़ी हुई, महाराज ने ले लिया, और चवर ढुरने की आवश्यकता नहीं, हाथ के इशारे से सूचित किया। समझकर चपल भाव को हृदय में दबाकर दासियाँ सिर झुकाए हुए, महाराज को दाहिने रखकर बगल से बढ़ती हुई कक्ष के बाहर हो गईं।

एक पात्र स्वयं भरकर प्रेयसी को पास बैठा, प्रौढ़ महाराजाधिराज ने उसके सुकुमार होंठों से लगाया, एक बाँह से उसे आवृत्त करते हुए। मुस्कुराकर विद्या ने पी लिया। एक पात्र उसने पुनः तैयार कर पिलाया। सुरा का तड़ित प्रवाह अंगों को प्रभावित करने लगा। आज्ञा हुई, स्वल्प झंकृत वीणा से तानें अलापो। पास सजी रखी हुई महाराजाधिराज की वीणा विद्या ने उठा ली। दो-एक बार मीठी झंकार कर वाद्य में अलाप लेने लगी। मर्मज्ञ महाराज एक दृष्टि से स्वर की परीक्षा कर मुग्ध होते रहे।

अलाप समाप्त कर विद्या ने एक पात्र और पिलाया और फिर दूसरी रागिनी में अलाप लेने लगी। महाराजाधिराज निपुणता पर मन से निछावर हो गए।

फिर बिना वाद्य के ताल-युक्त भाव-नृत्य करने के लिए कहा।

विद्या उठी। बाएँ हाथ से क्षुद्र स्वच्छ शीशा और दाहिने से प्याला लेकर नृत्य करने लगी। महाराजाधिराज के अज्ञात एक-दूसरे भाव से आज उसका हृदय उद्वेलित था, उसके नृत्य और भाव के प्रति प्रदर्शन पर उसकी तरंगें उठ-उठकर राजेश्वर में आवेश भरने लगीं। सुरा-सुन्दरी स्वयं जैसे नृत्य कर रही हो। नर्तित-पद ताल पर बढ़ती हुई भाव-पूर्ण विविध भंगिमाओं से विद्या महाराज को आसव पिलाती रही। नशे में यह दृश्य कान्यकुब्ज के समस्त ऐश्वर्य से कान्यकुब्जेश्वर को बढ़कर प्रतीत होने लगा।

प्रसन्न होकर बोले, "तुम्हारी जो इच्छा हो, माँगो।"

विद्या प्रसन्न होकर बोली, "महाराजाधिराज की कृपा-दृष्टि से बढ़कर भी कुछ?"

"नहीं, माँगो।"

"सेविका तो कृपा-दृष्टि ही चाहती है!" कहकर, हाथ बाँधकर विद्या मराल-ग्रीवा बनकर नम्र दृष्टि से मन्दस्मित खड़ी रह गई।

उठकर, उसकी ललित अंजलि खोलकर, मुग्ध प्रौढ़ महाराज आयत तिर्यक आँखें देखते हुए बोले, "तुमने प्रार्थना कभी नहीं की। सदा यही शब्द कहे!"

"हाँ, याद आई," आँखें फेरकर विद्या बोली, "मेरा एक बीनकार कैद कर लिया गया है।" फिर खिलखिलाकर हँसी। "महाराजा राजेश्वर के सिपाही और सरदार बड़े विचित्र मालूम होते हैं!" फिर एक तरफ मुँह फेरकर बोली, "रास्ते में उसे दो चिट्ठियाँ पड़ी मिली थीं। एक सरदार महेश्वरसिंह की लिखी थी, एक सरदार बलवन्तसिंह की। क्या शादी का झगड़ा था? महाराजाधिराज के नाम थी। मैंने उससे कहा, तू किसी सिपाही को दे आ जाकर। वह डर रहा था। मैंने भगवानदास को साथ कर दिया। लौटकर भगवानदास ने कहा कि मारे डर के उसने सिपाही के हाथ में चिट्ठियाँ नहीं दीं, सामने डाल दीं। फिर सरदार को चिट्ठियाँ दिखाकर सिपाही ने उसे गिरफ्तार कर कैदखाने में डाल दिया।" खिलखिलाकर बोली, "अब महाराजाधिराज को समझ लेना चाहिए कि बहुत जल्द हमारी पलटन महाराजाधिराज पर चढ़ाई करनेवाली है!"

महाराज जयचन्द हँसे। बोले, "हाँ, वे चिट्ठियाँ हमें मिली हैं। पर वह तुम्हारा साजिन्दा है, यह किसी को कैसे मालूम होता? तो तुम उसकी मुक्ति चाहती हो?" मन में उसकी माँगने की क्षुद्रता पर मुस्कुराए।

"हाँ, महाराजाधिराज की बड़ी कृपा और क्या होगी कि बेचारे निर्दोष मनुष्य की आज ही मुक्ति हो जाएगी।"

"उसका नाम क्या है?"

"महेन्द्रपाल।"

"महेन्द्रपाल?"

"हाँ।"

"राजा महेन्द्रपाल भी कैद में हैं।"

"यह मुआ कहाँ मर गया राजा महेन्द्रपाल! यह रागी महेन्द्रपाल है।"

"अच्छा, मुक्ति का परवाना लिखो। हम मुहर देते हैं, कर लो—वह देखो पत्र, मसिपात्र और लेखनी सब वहाँ रखे हैं। लिखो।"

विद्या ने लिखा, "रागी महेन्द्रपाल को निर्दोष जानकर मुक्ति दी जाती है।" फिर उस पर महाराजाधिराज की मुहर कर दी। दिखा दिया। नशे में महाराज जयचन्द ने नहीं देखा। उसने 'राजा' 'रागी' की लिखावट में भेद न रखा था। ईकार को आकार ही रखा था। यथासमय महाराजाधिराज की आज्ञा पर बिदा हुई।

तेईस

रात का तीसरा पहर अभी पूरा नहीं हुआ, वैसे ही सजी हुई विद्या हाथ में दीपक लिए अकेली काराद्वार पर उपस्थित हुई। महाराजाधिराज की इस नर्तकी से कान्यकुब्ज के सैनिक तुष्ट रहते थे। इसका एक कारण था, अधिक उपार्जन-सम्मान पानेवाली अपर नर्तकियों में जैसे विद्या में अहंकार न था, स्नेह के विचार से यह महाराजाधिराज के अधिक निकट पहुँची हुई थी, सिपाहियों से सरदारों तक सभी को यह रहस्य ज्ञात था। बात सबसे बड़ी जो थी, वह यह कि राज्य-विभाग के हर एक मनुष्य को विद्या मीठी मुस्कान से स्नेहसिक्त कर देती थी; उसका ऐश्वर्य स्नेह था। सिपाही दर्प से लड़ता स्नेह से नम्र होता है।

रहस्यमय स्नेह की दृष्टि परवाने के साथ कारा-कर्मचारी के सामने बढ़ी। खड़ा सिपाही भी देख रहा था। कर्मचारी ने कहा, ''राजा महेन्द्रपाल की मुक्ति का आज्ञा-पत्र है।'' परवाने को देखते हुए रख लिया। सिपाही काराद्वार खोलने लगा।

विद्या सभंग अंगों से नम्र होकर बोली, ''आपकी आज्ञा हो तो मैं

राजा महेन्द्रपाल को रास्ता दिखाकर ले आऊँ। आपके किसी सिपाही को कष्ट देना नहीं चाहती।"

जहाँ अन्य स्वार्थ का लेश नहीं रहता वहाँ भी सुन्दरी युवती की दृष्टि और स्वर का प्रसाद लोग चाहते हैं। कर्मचारी को इस निरुपमा नर्तकी की इच्छा-पूर्ति में केवल दृष्टि और स्वर का प्रदान न मिल रहा था, आकांक्षा और दूर, उसकी प्रशंसा से होनेवाली भविष्योन्नति के ध्रुव नक्षत्र पर थी, मार्ग न रोकने के लिए सिपाही को आज्ञा दी। सिपाही स्वयं भी हृदय से ऐसी कामना कर रहा था, ससम्भ्रम विद्या को भीतर जाने के लिए हाथ बढ़ाकर सम्वर्द्धित किया। विद्या भीतर गई।

नुपूर-गुच्छ की श्रुति-मधुर रणन निश्चेतन कारागृह में प्राणों से प्लुत नवीन जीवन का संचार करने लगी। ज्योतिश्चुम्बी भौंरों की गूँज जैसे कमलों के फुल्ल होने के कारण हुई।

राजा महेन्द्रपाल की अभी-अभी पलकें लगी थीं। रामसिंह देर से खर्राटा भर रहा था। दोनों चौककर एकाएक बैठ गए। रुक्ष प्रकाश में आँखें तिलमिला गईं। मलकर अच्छी तरह देखने लगे।

देखकर "आप आ रही हैं!" रामसिंह ने अभिनन्दन किया। अचपल दृष्टि से विद्या धीरे-धीरे बढ़ती हुई रामसिंह के पास आकर खड़ी हुई।

पहचानकर, "सिन्धु!" कहकर राजा महेन्द्रपाल आश्चर्य से देखने लगे।

"हाँ।" कहकर विद्या स्थिर दृष्टि से रामसिंह को देखने लगी। देखते-देखते आँखें सजल हो आईं।

"तुम्हारा अनुमान ठीक था, विद्या! यह लो, ये वही हैं।" कहकर रामसिंह ने वीरसिंह का वह चित्र मुँह से निकालकर विद्या को दिया। धीर भाव से विद्या ने ले लिया।

राजा महेन्द्रपाल इस अभेद्य रहस्य के प्रति निःशब्द देखते रहे।

"आचार्य को सूचित कर दूँगा यदि समय प्राप्त हुआ, कि शिष्य ने पूर्ण रूप से आचार्य को आत्मा में मिला लिया है।" संयत धीर शब्दों में रामसिंह बोला।

विद्या मौन खड़ी रही। केवल कुछ बूँदें आँसुओं की, शरत् की शेफाली के पत्रों से ओस जैसे पृथ्वी पर टपकीं।

"चिन्ता क्या है! इस जीवन में न मिले तो फिर मिलेंगे, विद्या! जाओ।"

देखकर विद्या फिर स्थिर खड़ी रह गई।

"कार्य हो गया?" रामसिंह ने धीर मन्द स्वर से पूछा।

"हो गया।" विद्या ने एक हाथ उठाकर प्रिय के स्कन्ध पर रखा। दूर रखा दीपक पार्श्व से दोनों के मुखों को प्रकाशित करता रहा।

"अच्छा अपना उद्देश्य पूर्ण करो।"

विद्या फिर खड़ी रही।

"चाचा," रामसिंह ने मजाक के स्वर में कहा, "देखिए, मार्गाचलव्यति कराकुलितैव सिन्धुः!" फिर विद्या का हाथ पकड़कर द्वार की ओर ले चलते हुए, "चाचा, इनके साथ जाइए, आप मुक्त कर दिए गए।" फिर दीपक लेकर हाथ में रखते हुए, "चाचा को अच्छी तरह दिया दिखाकर ले जाओ, नहीं तो बुढ़ापे में कहीं गिर पड़ेंगे तो दाँत टूट जाएँगे, फिर तुम्हीं को सेवा करनी पड़ेगी। अच्छा, चाचा, चरण छूता हूँ।"

मन्द-चरण विद्या, साथ-साथ राजा महेन्द्रपाल काराद्वार से बाहर हो गए। प्रकाश में एक दृष्टि से रामसिंह विद्या की छवि-गति देखता रहा। कारा का द्वार फिर बन्द हो गया। फिर फिरकर विद्या ने नहीं देखा। सीधे अपने घर की ओर राजा महेन्द्रपाल को ले चली।

वहाँ कुछ भोजन कराकर उसी समय घोड़े पर चढ़कर सुबह होते-होते दूर निकल जाने के लिए कहा, और संक्षेप में सारा हाल समझाकर बतला दिया कि अनुकूल कारणों के प्रकट होने के पूर्व वे प्रकाश में न आएँ, उनके लिए अच्छा न होगा, और उसे निकालकर भी पालन करने की अपनी कृपा का इसे ऋण-शोध-रूप समझें। राजा महेन्द्रपाल प्रभात होते-होते विद्या के दिए एक घोड़े पर, निशा के कलंक की ही तरह, अदृश्य हो गए।

महाराज शिवस्वरूप विद्या के पलंग पर बेखबर सो रहे थे। अब तक क्या हुआ, नहीं मालूम। ऐसी सेज इस जीवन में पहले-पहल मिली थी। जब जगाए गए तब विद्या अपनी बड़ी-बड़ी कुल वस्तुएँ प्रातःकाल ही नौकरों को आपस में बराबर बाँटकर चले जाने के लिए देकर, अलंकारों की एक गठरी बाँधकर, आवश्यक कुछ सामान और

लेकर, महाराजवाले घोड़े के साथ अपना घोड़ा सजवाकर, पुरुष-वेश में भागने के लिए तैयार हो चुकी थी। आँखें खोलकर प्रेयसी को पुरुष-रूप में देखकर महाराज ने आश्चर्य से पूछा, ''क्या है?''

''तुम्हारे साथ भगने को तैयार हो गई।''

''कहाँ?'

''यहाँ-वहाँ जहाँ चाहो, उठो जल्द।''

चौबीस

प्रातःकाल आँख खुली तो प्रभा ने पास एक अपरिचित मनुष्य को बैठा देखा। अब मन में किसी प्रकार का आवेग न रह गया था। एक निश्चय की प्रतिमा बन गई थी। जिस यमुना ने उसकी सेवा की, उसकी बहन को प्रसन्न करके, स्वेच्छा से अपना स्थान उसे देकर वह उस सेवा का सहृदय बदला चुकाएगी। अब राजकुमार के भविष्य की भी उसे चिन्ता नहीं रह गई। कारण, इससे अधिक राजकुमार के भविष्य के लिए वह कुछ कर न सकती थी। अब केवल एक कर्तव्य उसकी दृष्टि में रह गया है, वह यह है कि वह राजकुमार की दृष्टि से दूर पृथ्वी में कहीं अदृश्य हो जाए, जिससे उनके गले में रत्नावली के हार पड़ने में कोई संशय न रहे। वह उसे प्यार करते हैं, इतनी स्मृति उसके लिए बहुत है। पत्नी को इससे अधिक और चाहिए भी क्या! दीदी अवश्य किसी कर्तव्य से विवश होकर गई हैं। अब उनसे भी मिलने की ऐसी क्या आवश्यकता है!

उठकर बैठते ही, उस अपरिचित मनुष्य को देखते-देखते, उसके मस्तिष्क में ये भाव चक्कर लगा गए। मन्द गति से सरायन के तट

पर चलकर हाथ-मुँह धोया। सोचा, स्वतन्त्र जीवन का यह पहला कार्य हुआ। 'क्या शान्ति मुख पर विराज रही है!' अपरिचित मनुष्य एकटक देखता रहा।

प्रभा उसी जगह आकर बैठ गई। जीन पर दृष्टि गई। चिट्ठी निकालकर पढ़ने लगी। कुछ शंका हुई, पर स्थिर होकर वह चिट्ठी उसी तरह रख दी, फिर उस अज्ञात मनुष्य की ओर रुख किया, ''तुम कौन हो?''

''कलवाला सिपाही, जिसके पहरे पर आप चारदीवार के भीतर गई थीं।''

''तुम्हारा नाम?''

''महादेव सिंह।''

''फिर क्या हुआ?''

''फिर कोई आया था, कुमारीजी उनके साथ चली गईं। आपको आने में देर हो गई। मेरी बदली का समय आ गया था, रस्सी यों भी निकाल देनी पड़ती।''

''हाँ, तुम्हारी बदली की मुझे याद न थी। तुम उन्हें कुमारीजी कैसे कहते हो?''

''वे हमारे ही यहाँ की कुमारी हैं, मैंने उन्हें बचपन से देखा है।''

''उन्होंने तुमसे क्या कहा?''

''आपकी रक्षा के लिए कहा, स्थान बतलाया कि उस जगह घोड़ा बँधा है। मैं पहरे से छूटकर हर फाटक पर खड़ा होता था कि अगर कोई अड़चन आपको पड़े जब आप फाटक पार कर रही थीं। मैं जल्द बढ़कर दूसरे फाटक पर आ जाता था। आप जब घाटवाला फाटक पार कर गयीं, तब मैं एक बार डेरे गया, फिर यहाँ लौटा, घड़ी-भर की देर हुई होगी। देखा, आप सो गई हैं।''

प्रभा मुस्कुराई, कहा, ''तुमने मेरी पूरी रक्षा की, महादेव, तुम मेरे लिए साक्षात् महादेव हुए।''

महादेव नम्र हो गया।

''तुम मुझे पहचानते हो?'' मधुर कंठ से प्रभा ने पूछा।

''पहचानता हूँ, कुमारीजी ने चलते समय बतला दिया था।''

प्रभा गम्भीर हो गई। ईश्वर की कृपा सोचकर मन में कृतज्ञ हुई कि इस नाम के साथ प्रिय पति का नाम सम्बद्ध है, पुनः स्मरण में

आने के लिए। भरकर बोली, "महादेव, यहाँ तुम्हें कोई कष्ट तो नहीं?"

"कुमारीजी, जहाँ सिपाही को, सच्चे सिपाहियाने की जगह, गिरा देनेवाली चालें, छल देख पड़ता है, जहाँ पेट भरने के अलावा जीने-मरने का प्रश्न प्रतिक्षण उसे नहीं हल करना पड़ता, वहाँ सिपाही, सिपाही नहीं मजदूर बन जाता है। यह उसके लिए सिर ऊँचा रखने की बात नहीं।

"झुके सिर के लोग सुखी नहीं, इसकी साक्षी वे स्वयं भरते रहते हैं। पर कुमारीजी, अब आपको जल्द यह स्थान छोड़ना चाहिए।"

प्रभा सोचने लगी। कुछ क्षण वातावरण स्तब्ध रहा, ज्यों-ज्यों प्रभा गहन से गहनतर क्षेत्र में प्रवेश करती गई। निकलकर स्थिर दृष्टि सिपाही पर रखते हुए पूछा, "तुम मेरे साथ रहोगे?"

सिपाही खुश हो गया। बोला, "आपके साथ मुझे अच्छा सुख होगा।"

"और लोग तुम्हारा साथ देंगे?"

"मेरे गिरोह के बीस आदमी हैं, उन पर मुझे विश्वास है, वे देंगे।"

"अन्याय के समक्ष। मैं उन्हें धर्म के रास्ते रोटियाँ देने के लिए कहती हूँ।"

"आप लोगों पर हमें पूरा विश्वास है।"

"अब मैं अकेली नहीं हूँ।" प्रभा की आँखें सूर्य का प्रकाश भर रही थीं। सिपाही का हृदय शौर्य से तन गया।

"मुझे आप पर, कुमारीजी पर जैसा विश्वास है।"

"ठीक, मैं उन्हीं के चरण-चिह्नों पर चलती हूँ। जाओ, साथियों को ले आओ। पर तुम लोग इसी राज्य के हो या दूसरे के?"

"इसी के।"

"तुम पर अत्याचार हो सकता है, यदि छुट्टी के बाद न लौटे या मेरे साथ रहने का कारण खुल गया।" पलक मारते सोचकर, "पर चिन्ता नहीं। मैं शीघ्र शक्ति बराबर कर लूँगी, मैं कहाँ तुम्हारी प्रतीक्षा करूँ?"

"कुछ आगे और, गोमती-सरायन का संगम है। गोमती के किनारे, एकान्त है, कोई देखेगा भी तो यहाँ का आदमी सोचेगा।"

सिपाही चलने को हुआ। प्रभा ने पुनः सोचकर कहा, "सुनो, यह

जितना अर्थ विलास में खर्च होता है, इसका चौथाई भी तुम्हें नहीं मिलता, समझते हो?"

"जी, हाँ।"

"यह अर्थ तुम्हीं देते हो?"

"जी।"

"बलपूर्वक तुमसे लिया जाता है?"

"जी।"

"बलपूर्वक ले लेने में अधर्म है। यदि अक्षमों को उदारता से बाँट दिया जाए?"

"कुछ नहीं।"

"तो यही हमारा उद्देश्य होगा। हम इसी तरह शक्ति बढ़ाएँगे। जब तक समर्थ न हों, कर वे वसूल करेंगे। फिर देखा जाएगा। व्यवस्था ईश्वर की है। मनुष्य तो अपने लाभ के नियम बनाता है। हमारा लक्ष्य ईश्वर है, कार्य दुखों का दूरीकरण, उचित उपाय से। उस अर्थ-ग्रहण में दोष नहीं, जिससे भूखे अन्न पाएँ, यही व्यवस्था स्थित होती है। क्या कहते हो?"

"आप ठीक कहती हैं।"

"अच्छा, बलवन्त तहसील के लिए गए थे, कर लेकर लौटे नहीं। किसी कार्य से जल्द कान्यकुब्ज जा रहे थे। उनके वसूल किए कर का क्या हाल है?"

"मालूम नहीं। वह उसी तरफ से सीधे, सम्भव है, कान्यकुब्ज जाए या जाता हो।"

"हाँ," प्रभा गम्भीर हो गई, "कर के साथ एक गाँव से दूसरे गाँव तक गाँववालों की सहायता रहती है, यों पाँच-सात आदमी से ज्यादा नहीं रहते—क्यों?"

"जी, हाँ।"

"अच्छा फिर सोचा जाएगा। तुम लोग जल्द जाओ। छुट्टी लेने की क्या आवश्यकता है जबकि निश्चित समय पर फिर हाजिर होना नहीं?—ऐसे ही चले आओ।"

सिपाही डेरे की तरफ गया। प्रभावती घोड़ा साजकर संगम की तरफ चली।

पच्चीस

गंगा के उत्तर पार एक दूसरी आढ़त में घोड़े छोड़कर वीरसिंह और यमुना पैदल कान्यकुब्ज आए, देखा, रामसिंह के कैद होने की वैसी हलचल नहीं जैसी राजा महेन्द्रपाल के छुटकारे के बारे में है। लोग कह रहे हैं, यह सारी सिन्धु की, की हुई कारस्तानी थी, वह राजा महेन्द्रपाल को चाहती थी, लेकर भाग गई, एक दूसरे बेवकूफ धोबी को उनकी जगह फँसा गई। वे चिट्ठियाँ राजा महेन्द्रपाल की छीनी हुई थीं, उन्होंने उनसे काम निकालने के लिए सिन्धु को दी थीं।

वीरसिंह को यह समझते देर न हुई कि चिट्ठियाँ जबकि रामसिंह के पास थीं और उन्हीं चिट्ठियों के कारण वह गिरफ्तार हुआ है, तब सिन्धु से रामसिंह का भला-बुरा कोई सम्बन्ध जरूर रहा होगा और नर्तकी सिन्धु रामसिंह की मर्जी के खिलाफ राजा महेन्द्रपाल को छुटा न सकती थी। पुनः कुछ पहले महाराज शिवस्वरूप को मिली विद्या नाम की एक नर्तकी के समाचार यमुना से वीरसिंह को मिल चुके थे। निश्चय किया, यह विद्या ही सिन्धु है। विद्या नाम की कान्यकुब्जेश्वर की कोई नर्तकी नहीं। इसकी राजा महेन्द्रपाल के वंश की ओर

सहानुभूति है, यह प्रमाण मिल चुका है। शिवस्वरूप महाराज के कहने के अनुसार, यह उनकी जान-पहचान की है। कुछ हो, आगे मालूम हो जाएगा। वीरसिंह ने यमुना से सलाह ली।

यह सब पता वीरसिंह ने रामसिंह के अड्डे पर संन्यासी वेश में रहकर लगाया। वहाँ धोबी और धोबिनें रहती थीं। वे सब पछाँह के रहनेवाले थे। संन्यासी-वेश वीरसिंह का नाम बाबा अमरनाथ था—यहाँ इस समय इसी नाम से वे मशहूर हैं। रामसिंह-जैसे कुछ साथियों को उन्होंने सिखलाकर तैयार किया था। ये लोग इनकी तपस्या का प्रचार कर रहे थे, और कह रहे थे कि बाबाजी की निगाह में बड़े-छोटे, ऊँच-नीच का भेदभाव नहीं, वे सभी को सम देखते हैं, मन्त्र देते हैं। इससे कुछ धोबी पहले-पहल फँसे। फिर उनकी देखा-देखी उनकी बिरादरी के और दीक्षित हुए। फिर बाबाजी ने सलाह दी कि कान्यकुब्ज में चलकर बसा जाए तो फायदा ज्यादा होगा। धोबियों का एक गिरोह इस तरह कान्यकुब्ज में आकर बसा। रामसिंह साथ आया। यह यहाँ रहकर कार्य की सिद्धि करने का एक उपाय हुआ। रामसिंह इनमें धोबी बनकर ही रहता था। आपस में बड़ी प्रीति थी। कभी-कभी बाबाजी आते थे। बड़ी आवभगत होती थी। इस बार यमुना को साथ लाकर धोबियों से परिचित कराते हुए कहा कि छँगुनियाँ की भौजी है, देवर को देखने आई है। धोबिनें बड़े स्नेह से मिलीं। बहुत रोईं कि छँगुनियाँ पकड़ लिया गया है। यमुना भी रोई। फिर सब ढाढ़स बँधाने लगीं कि अबके सरदार के कपड़े लेकर जाएँगी तो कहेंगी, कर नहीं तो डर क्या है।

अन्यत्र पृथ्वीराज की तरफ से काम करनेवालों में, रामसिंह अपने सच्चे नाम से प्रसिद्ध था, बाबा अमरनाथ को लोग धीरसिंह जानते थे। पूर्व में धीरसिंह की वीरता की बड़ी ख्याति थी। वह लापता भी था। धीरसिंह भी चौहानों में अज्ञात-कुलशील महोबिया होकर मिला था। उन्हें संशय न हो, इसलिए मशहूर कर रखा था कि वीरसिंह ने कान्यकुब्ज में ऊदल से मित्रता कर ली थी और महोबे की लड़ाई में लड़ता हुआ काम आ गया है। यहाँ रामसिंह के गिरफ्तार होने का कोई राजनीतिक कारण न मालूम हुआ।

नेत्रपल्लवी द्वारा यमुना से सब-कुछ कहकर समझा दिया। निश्चय हो गया कि रामसिंह सिन्धु से मिलकर स्वेच्छया राजा महेन्द्रपाल को

मुक्त करने के लिए कैद हुआ है, क्योंकि रागी महेन्द्रपाल की मुक्ति के लिए कान्यकुब्जेश ने आज्ञा दी थी। सिन्धु ने उसे अपना बीनकार कहकर उनसे परिचय दिया था, फिर उनकी आज्ञानुसार आज्ञा-पत्र लिखते हुए, 'रागी' को अस्पष्ट 'राजा' के रूप में रहने दिया था।

छब्बीस

बलवन्त को लेकर सिपाही उसी दिन कान्यकुब्ज नहीं पहुँच सके। रास्ते से एक गाँव में रह गए। घाव भीगने पर पीड़ा बढ़ गई थी। मरहम-पट्टी करनी थी। दो दिन बाद पालकी पर लेकर गए। पहलेवाले सिपाही बलवन्त के थे; बाद को उनकी मदद के लिए आए हुए गाँव के जन।

बलवन्त की खबर कान्यकुब्ज में घर-घर फैल गई। पर उसका असली रूप बदला हुआ था। घायल होने के कारण राजा महेन्द्रपाल ही लपेटे हुए थे कि वीरसिंह छिपे तौर से राजा महेन्द्रपाल की मदद के लिए रहता है। उसी ने उन्हें अधिक सिपाहियों के साथ घेरकर घायल किया है, उन्हें न जाने कहाँ ले जाना चाहता था, घायल हो जाने पर एक नाले में ले जाकर रखा था, तब तक उनके बहादुर सिपाही, जो उन्हें बचाने के लिए भाग गए, गाँवों से बराबर की मदद लेकर जल्द लौटे, पर वीरसिंह और उसके साथी उन्हें छोड़ डरकर भाग गए। एकान्त में अपने सिपाहियों को बलवन्त सिंह ने ऐसा ही कहने के लिए सिखाया था। मदद के लिए गए हुए गाँववालों को असली

कारण मालूम न था।

बलवन्तसिंह कान्यकुब्जेश्वर के प्रासाद में बहुत अच्छी जगह रखे गए, और अच्छे से अच्छे राजवैद्य उनकी औषधि के लिए नियुक्त किए गए।

उसी दिन सन्ध्या समय संवाद मिला कि राजा बलवन्तसिंह का वसूल किया हुआ कर जो कान्यकुब्ज के लिए आ रहा था, मार्ग में लूट लिया गया, साथ के अधिकांश सिपाही घायल हो गए हैं। उन्हीं में से भागे हुए एक ने कहा। किसने लूटा, यह उसे मालूम न हुआ था। क्योंकि, कर के साथ घिरे दो-चार सिपाहियों के गिरते ही भविष्य-फल का निश्चय कर वह भगा था।

एक के बाद दूसरे, सभी आरोप राजा महेन्द्रपाल पर उत्तम रूप से चलाए गए। कान्यकुब्जेश्वर का धैर्य जाता रहा। सरदारों को बुलाकर उन्होंने सलाह ली। सरदारों ने कहा कि भगे हुए महेन्द्रपाल अब लालगढ़ में आश्रय नहीं ले सकते। इसी तरह अपने दल के साथ लूटते-खाते फिरेंगे, जब तक इसका दमन होता है, तब तक इस अक्षम्य अपराध का दंड भी उन्हें दिया जाए; अब संशय की बात नहीं रही।

सुनकर, देर तक विचार करने के पश्चात् महाराजाधिराज कान्यकुब्जेश्वर ने आज्ञा की—इस अपराध का दंड वध है। पर महेन्द्रपाल अधिकार से बाहर हैं, इसलिए साल भर यह आज्ञा जारी रहेगी। उन्हें पकड़कर देनेवाले को पुरस्कार-स्वरूप पाँच गाँव भूमि निष्कर दी जाएगी और कान्यकुब्ज से राजा महेश्वरसिंह के नायकत्व में दस सहस्र सेना लालगढ़ लूटने के लिए भेजी जाएगी। लूट की सारी वस्तुएँ, अस्त्र और अर्थ कान्यकुब्ज-कोष में जमा होंगे, इससे कर लूटने की क्षति की पूर्ति होगी, और देवसिंह को, पिता के अवैध कार्य की सहायता करने के कारण, सदा के लिए कान्यकुब्ज-भूमि से बहिष्कृत होने का दंड दिया जाता है। लालगढ़ के पूर्व और दक्षिण के चार पतन राजा महेश्वरसिंह को दिए जाते हैं और बाकी उत्तर और पश्चिमवाले समस्त राजा बलवन्तसिंह को।

आज्ञा यथाविधि लिखी जाकर महाराजाधिराज की मुहर और नामाक्षरों में चिह्नित हो गई।

इसी समय सरदार भीमसिंह ने कहा, आज मेरी धोबिन के साथ

एक औरत आई थी, वह उन चिट्ठियों के सन्देह पर पकड़े गए छँगुनियाँ धोबी की भावज थी। उस धोबी को बुलाकर उससे पूछताछ कर ली जाए; वह निर्दोष हो तो उसे बन्दी रखने से क्या फल होगा? महाराजाधिराज तक इन धोबियों की पुकार पहुँचेगी नहीं, और वह वैसे ही पड़ा सड़ता रहेगा। वह है भी राजनीतिक बन्दियों के कारागार में।

मुस्कुराकर महाराज जयचन्द ने उसे ले आने की आज्ञा दी।

कुछ देर बाद, आधी बाँह की तनीदार मिर्जई पहने रामसिंह सिपाहियों की रक्षा में हाजिर किया गया। महाराजाधिराज को देखकर जमीन पर माथा टेककर उसने प्रणाम किया और उड़ी निगाह से देखने लगा।

"तू कौन है?" भीमसिंह ने पूछा।

"महाराज, छँगुनियाँ धोबी।"

"क्या करता है?"

"महाराज, अपना काम करता हौं। आप लोगन के कपड़े धोता हौं।"

"तुझे चिट्ठियाँ कहाँ मिलीं?"

"महाराज, बाईजी से।"

भीमसिंह ने महाराजाधिराज की ओर देखा। इशारा पाकर फिर पूछा, "कैसे बाईजी से चिट्ठियाँ तूने लीं?"

रामसिंह रोनी सूरत बनाए आँखें मलता हुआ, वैसी ही आवाज में बोला, "मैं का जानौं का लिखा है? मुझसे कहा कि भगवानसिंह सिपाही के सामने डाल दे, उनको छूकर देगा तो मारैंगे। मैं इनाम देऊँगी? मैं उनके कपड़े लेने गया था। जैसा कहा, वैसा ही किया। भगवानसिंह ने चिट्ठियाँ उठाईं, मैंने दूर से सलाम किया। फिर पढ़कर मुझे पकड़ ले गए। रात को बाईजी गई थी। मुझसे बोली, ऐसे ही छूट जाएगा घबरा मत।" लोग हँसने लगे। रामसिंह छोड़ दिया गया।

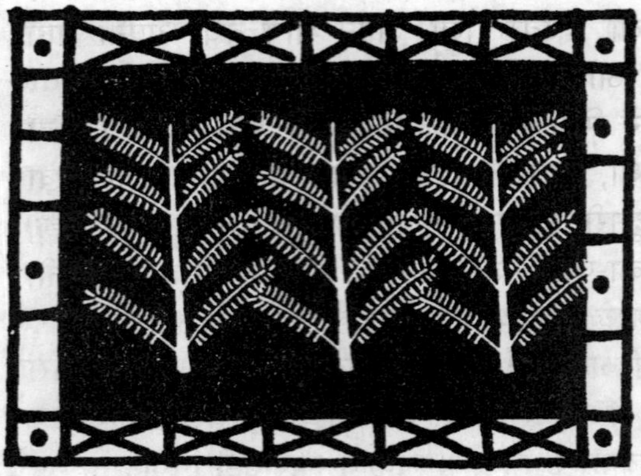

सत्ताईस

बाबा अमरनाथ कुछ समय तक धोबियों के यहाँ रहे, फिर अपने संगठन की पर्यालोचना करके पहले अड्डे में चले गए।

रामसिंह सीधे मकान गया। कुछ धोबी दरवाजे पर बैठे थे। बहुत खुश हुए। एक बुड्ढे ने सस्नेह कहा, "छँगुनियाँ रे, कहाँ मरा था? सरदार भीम बाबा से कितना रोई बहोरिया तेरे लिए, और तेरी भौजी भी आई है, गई थी उसके साथ, बेचारी रोती रहती है जब से आई।"

रामसिंह ने बड़ों के पैर छुए, राम राम की, कहा, "धोबी की जात, गँवार, चहै जो फँसाव ले चाचा!"

कहकर भीतर गया। कौन भौजी आई हैं, जानने की उत्सुकता बढ़ी। यमुना आँगन में खड़ी थी। रामसिंह यमुना को देख चुका था। निस्सन्देह भक्ति-भाव से पैर छुए, कहा, "भौजी, तुम्हारी किरपा से बच गया। यहाँ आते तुमको बड़ी तकलीफ हुई होगी। भय्या का मेरे ऊपर बडा स्नेह है, नहीं तो तुमको आने न देते! मुझको गँवार जानकर, भौजी, सब धोखा देते हैं!"

धैर्य रखने में इतना कष्ट यमुना को कभी नहीं पड़ा। कन्धे पर

हाथ फेरती हुई बोली, ''देवर राजा, अपने भाग बचे, अपना भाग फूलौ-फलौ, हमें भी आँखों देखे का सुख है।''

और-और धोबिनें मिलीं। उसकी भौजी जो भीम बाबा के यहाँ यमुना को ले गई थी, बोली, ''रंडी के पाले पड़ गए, मजा चखा दिया।'' फिर एक दूसरी की तरफ मुखातिब होकर बोली, ''ए, नहीं, बड़ा सीधा है, छक्का-पंजा नहीं आता।'' फिर रामसिंह से बोली, ''गुरु महाराज आए थे, तेरी भौजी को वही साथ ले आए हैं।''

यमुना ने रामसिंह को गुड़ और रोटी खाने को दिया। वैसे ही छप्पर के नीचे पंजों के बल बैठकर बाएँ हाथ में रोटी पर गुड़ रखे, दाहिने से तोड़-तोड़कर रामसिंह खाने लगा। खाकर, पानी पीकर, हाथ-मुँह धोकर, अपने गधे पर चढ़कर बिरहा गाता हुआ बाहर चला।

शहर पार कर दो-तीन घंटे तक वैसे चला गया। दूर से धीरसिंह का अड्डा दिखाई पड़ने लगा। धूनी के धुएँ से उनके रहने का विश्वास हो गया। धीरे-धीरे बढ़ता हुआ हँसता धीरसिंह के पास पहुँचा। कोई न था। गधे को वहीं साँदकर चरने के लिए छोड़ दिया और गम्भीर होकर धीरसिंह के पास बैठा।

''कैसे छूटे?'' धीरसिंह ने मुस्कुराकर पूछा।

''जैसे गया।''

''यानी?''

''यानी अपनी जो अक्ल लड़ाकर गया था वही अन्त में लड़ाकर जीती।''

''सिन्धु से कैसे जान-पहचान हुई?''

''जिस तरह वह क्षत्रिय की लड़की से नर्तकी बनाई गई।''

''क्या मतलब तुम्हारा?''

''वही जो तुम्हारा है।''

''मैं नहीं समझा किस क्षत्रिय की लड़की थी और किस तरह नर्तकी बन गई।''

रामसिंह एक दृष्टि से धीरसिंह को देखता रहा।

धीरसिंह यह भाव-परिवर्तन पढ़ रहे थे।

''क्या तुम सच कहते हो धीरसिंह?''

दो चिनगारियाँ एकाएक धीरसिंह की आँखों से निकल गईं। पर धैर्य से स्वर को बाँधकर रामसिंह को स्थिर देखते हुए उन्होंने कहा,

''खुलकर कहो, तुम्हारा क्या मतलब है।''

रामसिंह कुछ आवेश में आ गया। बोला, ''जो मनुष्य राजनीति को धर्मनीति से इतना महत्त्व देता है। खान-पान, आचार-व्यवहार जिसकी धर्मनीति के उपांग भी नहीं। वह राजनीतिक स्वार्थ के लिए एक लड़की को हर लेना बुरा न समझेगा, यह तुम मानते हो?''

दूर तक समझकर, मुस्कुराकर धीरसिंह ने कहा, ''नहीं।''

रामसिंह कुछ संयत हो गया, पूछा, ''क्यों?''

''इसलिए कि लड़की के हरण में राजनीतिक स्वार्थ भले हो, राजनीतिक उन्नति भी है, तुम कह सकते हो? धर्म के उपांगों के न मानने की बात को इसी तरह तौलो। उसमें धार्मिक पतन न होगा, राजनीतिक और धार्मिक एक बड़े लक्ष्य की पुष्टि होगी।''

रामसिंह का विचार था, सिन्धु के भागने में वीरसिंह का हाथ है, कम-से-कम वीरसिंह इस दुष्कृत्य को जानते हैं। पर जब सत्य की मूर्ति की तरह स्थिर देखा, तब अपने आप यह विश्वास पैदा हो गया कि वीरसिंह को यह प्रसंग ज्ञात नहीं, साथ-साथ सरल भक्ति का उद्रेक हुआ। पहली वृत्ति जाती रही। विनयपूर्वक कहा, ''मुझे क्षमा करो, मैं तुम पर दोषारोपण कर रहा था। पर तुम वीरसिंह हो, यह मुझे मालूम हो गया!''

''हाँ, तुमने मालूम कर लिया, यह तुम्हारी बातों से सूचित था। पर कैसे मालूम किया, रामसिंह?''

''तुमसे मिलने से पहले मैंने चित्रकला सीखी थी। सिन्धु तब लड़की थी, पढ़ती थी। नाम विद्या था। हम एक ही गाँव के रहनेवाले हैं। विद्या की सुन्दरता की गाँवभर में तारीफ थी। कुछ दिनों बाद असमर्थ पिता-माता की सहायता के लिए दिल्ली गया और पिथौरा की सेना में भर्ती कर लिया गया। लौटकर जब गया, तब सुना, एकाएक विद्या लापता हो गई है। कारण कुछ भी मालूम न हो सका। इसके बाद तुम्हारा साथ हुआ, क्रमशः घूमते-फिरते हम लोग यहाँ आए। एक दिन कपड़ों के लिए मैं सिन्धु के यहाँ गया।''

रामसिंह रुक गया। अपने को सँभालने लगा। कुछ देर बाद कहा, ''तब वह पूरी सिन्धु बन चुकी थी। मैंने नहीं पहचाना। दूर तक मुझे देखती रही। पहले दिन कुछ नहीं बोली। कपड़े दे दिए—पता लगाया। वहाँ क्या पता लगता? दूसरी बार बोली, छिगुनियाँ, तू कभी-कभी

आया कर, कपड़े लेने हों या नहीं, मैं तुझे इनाम दिया करूँगी। मुझे शंका हुई। साथ-साथ विद्या का वह मुख आँखों में उठ-उठकर सिन्धु के इस मुख से मिल जाने लगा। बड़ी इच्छा हुई कि पूछूँ। पर कायदे के खिलाफ न गया। एक दिन उसी ने कहा, छिगुनियाँ, ईश्वर ने यहाँ भी मुझे धोखा दिया, रामसिंह को न दिया उसका साँचा भेजा। मैंने पूछा, रामसिंह कौन है? उसने कहा, कोई नहीं। उसकी आँखें भर आईं। अब मुझसे न रहा गया। मैंने पुकारा, विद्या! वह सहस्र प्राणों से उच्छ्वसित होकर मुझसे लिपट गई। मैंने कहा, विद्या, मैं सुन चुका हूँ, हताश न हो। फिर क्या, वह राठौर की लड़की है, मैं चौहान हूँ। बचपन में मैं उसे प्यार करता था, मेरी ओर भी वह खिंची थी। ईश्वर ने मिला दिया। फिर अपने भगाए जाने, वेश्या के यहाँ रहने, नृत्य-गीत सीखने और राजा महेन्द्रपाल की कृपा पाने का हाल उसने बयान किया। यद्यपि महेन्द्रपाल उसके भगानेवाले होकर नहीं, मदद करनेवाले होकर मिले थे, फिर भी कान्यकुब्जेश्वर से सम्बन्ध जोड़ने के कारणों को मिलाती हुई वह समझती है कि यह सब उन्हीं का बिछाया जाल था। मैंने उसे पत्नी के रूप से स्वीकृत किया है। तुमसे छिपाकर मैंने तुम्हारी एक छोटी तस्वीर खींची थी। उसने तुम्हें देखा न था। क्योंकि वह यहीं रखी गई थी। तुम्हारी तारीफ सुनी थी। तस्वीर देखकर उसने संशय किया था कि धीरसिंह नहीं, तुम वीरसिंह हो। प्रभावती को लेकर यमुनादेवी के आने पर उसका संशय बदलकर निश्चयात्मक हो गया था। मेरे कैद होने के दो मुख्य कारण थे। एक तुम्हारी तस्वीर दिखाकर राजा महेन्द्रपाल से मालूम करना कि तुम्हीं वीरसिंह हो या नहीं, दूसरा उन्हें मुक्त करना। विद्या को उन्हें मुक्त करने की धुन थी। यद्यपि राजा महेन्द्रपाल ने उसे पतित कर दिया था, फिर भी बड़ी चूँक बड़े व्यय से उन्होंने उसे शिक्षा दिलाई थी और कान्यकुब्जेश्वर से उसके जरिए कोई फायदा अब तक न उठा पाए थे और इस तरह वह कोई उपकार उनका करती भी नहीं, इसलिए उन्हें बचाकर हमेशा के लिए उनके ऋण को मुक्त कर देना चाहा था। इस तरह मैं बँधा।''

''मैं समझा।'' सोचते हुए वीरसिंह बोले, ''यहाँ महाराज पृथ्वीराज का संवाद आया है, दूसरे केन्द्र से। कहा गया है कि पूरी तैयारी के साथ नैमिषारण्य में ठीक एक पक्ष बाद सब लोग मिलें, पर चतुरता

से रहें; छुपे हुए।"

"क्या कारण है?" रामसिंह ने उत्सुकता से पूछा।

"जान पड़ता है, पृथ्वीराज शिकार खेलने के बहाने छिपकर वहाँ जाएँगे संयोगिता से मिलने के लिए। इसके सिवा इधर इनके राज्य में आने का कोई कारण नहीं मालूम देता। संयोगिता के चलने की खबर हुई, तो आने का यही कारण समझना चाहिए।"

"पर अब मेरा जी ऊब गया है। मैं इस तरह की राजनीति से विद्या के साथ सुखपूर्वक जीवन बिताना अच्छा समझता हूँ। मुझे इन राजों से घृणा हो गई है। व्यर्थ के लिए जान देना है। कुछ न होगा, विद्या का प्यार स्वर्ग है। मैंने जो सच्चाई तुम्हारे साथ रहकर पाई थी, विद्या उसी की कीमत मिली। कुछ अच्छा नहीं लगता। दिन-रात उसी की चिन्ता लगी रहती है। कभी रास्ता नहीं चली। कहाँ भटकती होगी। रास्ते की ठोकरें खाती फिरती होगी। यह सब मेरे ही लिए हुआ। कितने सुख से रहती थी, पर उस सुख को ठुकरा दिया। मुझे वह कह गई थी कि अब इस धोखे की राजनीति में न रहना। यह महापाप है। मुझे बड़ा संशय यह है कि राजा महेन्द्रपाल फिर उसे धोखा न दें। कारागार से वह महेन्द्रपाल को साथ लेकर गई है। मेरी उससे ऐसी बात हुई थी कि वह एक पक्ष बाद मुझे नैमिषारण्य में मिलेगी। वीरसिंह, अब मैं छुट्टी चाहता हूँ। केवल कभी-कभी तुम्हारे दर्शनों को आऊँगा, यों मैं इधर से निराश हूँ।"

"गिरे दिन को सुधारने में कष्ट होता है। रामसिंह, बने दिन आप सुधरते जाते हैं। हताश न हो। हम एक साथ हँसेंगे, एक साथ रोएँगे। काम बिगड़ता जा रहा है, इसलिए छोड़ना ठीक नहीं, बनाने की ही चेष्टा रहनी चाहिए। एक दिन शरीर भी क्षीण होता हुआ छूट जाएगा, इसलिए आत्महत्या ठीक नहीं। अभी हमें तुम्हारी जरूरत है। जब न होगी, तब तुम्हें भी हमारी न होगी, दर्शनों को भी नहीं। सुखपूर्वक काम करो। क्षत्रिय होकर छाँह में मरोगे।" रामसिंह सुनता रहा। वीरसिंह ने अपना सारा हाल मनवा जाने का बयान किया। फिर कहा, "बहुत सम्भव है, महाराज शिवस्वरूप आश्रय के लिए वहाँ से भगकर विद्या के यहाँ गए हों और विद्या उन्हें साथ लेकर भगी हो। ऐसी हालत में वह राजा महेन्द्रपाल के साथ न जाएगी। शिवस्वरूप को उसने अपना विद्या नाम ही बतलाया था। शिवस्वरूप के कथनानुसार

वह उन पर भक्ति करती थी। उसने एक भेद भी खोला था, जिससे विश्वास के दृढ़ होने की सम्भावना है। फिर शिवस्वरूप मनवा का रास्ता न जानते थे, इधर का देख चुके थे। भगनेवाला पहचानी राह से ही भगेगा, जहाँ तक होगा। इधर, मालूम नहीं, विचार क्या हुआ। तुम पता लगाकर यमुना देवी को लेकर जल्द मनवा की तरफ जाओ, या जैसी उनकी सलाह हो करो। वहाँ मशहूर कर दो कि भावज के साथ घर जा रहे हो। हम एक पक्ष के भीतर तुम्हें नैमिषारण्य में मिलेंगे।''

बातें करते-करते पश्चिमाकाश अरुण हो आया। रामसिंह भक्तिपूर्वक प्रणाम कर गधे की खोज में चला।

अट्ठाईस

प्रभा के कहने पर भी प्रातःकाल जब रत्नावली उठी और राजा महेन्द्रपाल के बचाने की याद आई, तब एक साथ कई विरोधी भावनाएँ उसकी राह रोक-रोककर खड़ी होने लगीं। वह वहाँ किसी को तो नहीं पहचानती, अकेली क्या करेगी वहाँ जाकर?—पुनः वह कुमारी है, वहाँ उसकी बराबरी के अनेक नरेश हैं, अगर किसी को मालूम हो गया और उस समय की प्रचलित प्रथा के अनुसार किसी ने उसका हरण किया तो? उधर राजा महेन्द्रपाल के लिए जितनी शंका की गई है, वह उतनी हद तक, मुमकिन है, न भी की जा सके, केवल स्नेहवश की गई हो। अगर वहाँ जाया भी जाए तो सबसे बड़ा प्रमाण उसके पास जो वह भिक्षुक है, वह पहुँच से बाहर है। वह कहाँ रहता है; उसे नहीं मालूम, उसका पता लगाना होगा। इसमें देर होगी। कुमार देव से कुछ कहना ठीक नहीं। कारण, उत्तेजना बढ़ने पर नए पुरते हुए घावों को क्षति पहुँच सकती है।

इस प्रकार के निश्चय और अनिश्चय में रत्नावली वहीं रह गई। कुमार से भी कुछ नहीं कहा। उसी तरह उनसे मिलती हुई उनकी सेवा

में दत्तचित रही। केवल मन से निश्चय कर लिया कि कुमार देव प्रभावती के हो चुके हैं, अब धोखा खाए हुए जीवन को इस तरह का धोखा न देना ही ठीक होगा। इसके लिए चिन्ता तक व्यर्थ है। निश्चय के भीतर से एक दर्द उठता था, पर सँभलकर रह जाती थी। चित्त की एकाग्रता दूसरे दिन से एक विश्रृंखलता में बदल चली।

इसी दिन कुछ सिपाही इस्तीफा देकर चले गए। बलवन्त के आने की राह न देखी। इसी दिन खबर भी पहुँची कि बलवन्त घायल हो गए हैं। पर विवरण उलटा था। जैसा कान्यकुब्ज में कहा गया था, उस रूप में। वीरसिंह के हाथ बलवन्त के घायल होने का कारण रत्नावली ने वही प्रभावती वाला समझा। इससे भी उसे विश्वास हुआ कि वीरसिंह और यमुना की सहायता से राजा महेन्द्रपाल को मुक्ति मिल सकती है यदि वे ऐसे ही बुरे रूप में फँस गए हैं।

तीसरे दिन वहाँ महाराज शिवस्वरूप और उनकी धर्मपत्नी विद्यादेवी यजमान कुमार देव को आशीर्वाद देने के लिए पहुँचे। उन्होंने मार्ग की सुनी खबर सुनाई कि सिन्धु नाम की कान्यकुब्जेश्वर की कोई नर्तकी छल से राजा महेन्द्रपाल को छुड़वाकर साथ लेकर भाग गई है। इससे रत्नावली को विशेष रूप से सन्तोष हुआ, घबराहट की वजह जाती रही।

रत्नावली ने बड़े आदर से महाराज को रखा। कह दिया कि कुमार को प्रभावती तथा राजा महेन्द्रपाल का कोई संवाद न सुनाएँ। कुछ दिनों बाद सब हाल उन्हें आप मालूम हो जाएँगे। महाराज ने मिलते समय इस आशा की पूरी-पूरी रक्षा की। उन्हें पहचानकर कुमार उच्छ्‌वसित हुए, तब स्वाभाविक बुद्धिमत्ता से उन्होंने दोनों हाथों के पंजे उठाकर आश्वस्त किया कि चिन्ता न करें, गंगाजी की कृपा से सब कुशल है।

तीन दिन बाद कान्यकुब्ज से भेजा बलवन्त का पत्र मनवा के सेनापति के नाम गया, जिसमें लिखा था कि कान्यकुब्जेश्वर महाराजाधिराज ने विचार कर यह आज्ञा जारी की है कि राजा महेन्द्रपाल को एक साल के अन्दर पकड़ देनेवाले को निष्कर पाँच गाँव जामीर दी जाएगी और कुमार देव सदा के लिए कान्यकुब्ज भूमि से निर्वासित किए गए। हरकारे ने भीतरी और-और बातें भी बताईं। लालगढ़ के किले को लूटने और उस भू-भाग के बँटवारे की खबर

भी उसने दी। यह भी कहा कि यह भेद अभी गुप्त रखा गया है। केवल सरदारों को मालूम है; राजा महेश्वरसिंह दस हजार सेना लेकर परसों चलेंगे, आज्ञा जारी हो चुकी है। जिस समय दूत सेनापति से बातें कर रहा था उस समय महाराज शिवस्वरूप गंगाजली लिए वहाँ बैठे थे। कान्य-कुब्ज से गंगाजली भर ले गए थे; जब पानी घटता था, तब सरायन का भर लेते थे। सेनापति को जनेऊ और गंगाजल देकर आशीर्वाद करने गए थे। उन्हें निर्लिप्त ब्राह्मण जानकर सेनापति ने चिट्ठी के अलावे दूसरे प्रसंग खुलकर कहने के लिए कहा था।

सब सुनकर सज्जित होकर सेनापति आज्ञापत्र हाथ में लिए कुमार देव के पास पहुँचे। पीछे-पीछे गंगाजली लिए धीर पदक्षेप से महाराज।

बिना काँटे की सद्यः-स्फुट उज्ज्वल केतकी की कली-सी सौरभ भार से व्याकुल भी पुष्ट वृन्त पर सँभली हुई कुमारी रत्नावली मधुर-मधुर हँसती कुमार से बातें कर रही थी। जो हृदय दे चुकी है, वह लौट नहीं रहा। फिर भी पूरी शक्ति से अपने को सँभाले हुए है। भीतर की शुभ्र प्रेम की किरणें दर्द के बादलों में रंगों से फलित हो रही हैं। कुमार अपने गत जीवन की एक भी बात नहीं कहते, कायिक क्लेश के साथ मानसिक दुःख को केवल सहते जा रहे हैं। रत्नावली समझती है और समझकर मलिन हो जाती है। दोनों ओर से रूप अपने अलौकिक प्रकाश में फूट-फूटकर अपनी ही सत्ता में विलीन हो रहा है। रत्नावली व्यावहारिक हँसी से होंठ रँगकर, अब आप बहुत जल्द अच्छे हो जाएँगे, आज आपके लिए छेने की रसेदार तरकारी बनाऊँगी, कल मैंने एक नया गाना सीखा है—आपको सुनाऊँगी, इस तरह की बातों से कुमार का दिल बहला रही है। संयत स्वर के भीतर भी दर्द के तार कभी-कभी झंकार भरकर और सँभलने के लिए सचेत कर जाते हैं। कुमार बहुत थोड़ा बोलते हैं। कुछ दिनों से एक दृष्टि से रत्नावली के पृथुल हृदय पर शोभित हार को देखते हैं। रत्नावली इसे प्रभावती की याद सोचकर गम्भीर हो जाती है।

इसी समय सेनापति आकर आज्ञापत्र लिए सामने खड़े हुए। भंगिमभ्रू, तिर्यक पक्ष्मल दीर्घ तारक आँखों को उठाकर सेनापति पर रखती हुई, क्या है, रत्नावली ने पूछा। सेनापति निवेदन करने लगे। अविकृत भाव से पड़े हुए कुमार ने आज्ञा सुनी।

रत्नावली कुछ देर तक निश्चल पलकों से बैठी रही। फिर पास

की दासी को, छः-सात और जो उच्चपदस्थ नायक सेनापति से नीचे काम करनेवाले थे, उन्हें बुला लाने के लिए भेजा। सेनापति को आसन डलवा दिया। सेनापति रत्नावली की बदली हुई चेष्टा देखते हुए निश्चेष्ट से आसन पर बैठ गए। देखते-देखते बुलाए हुए नायक भी आकर एकत्र हुए। रक्षित आसनों पर कुमारी का इंगित पाकर, बैठे।

आसन से खड़ी होकर एक दृष्टि सरदारों पर डालकर रत्नावली ने राजा महेन्द्रपाल और कुमार देव पर निकली हुई राजाज्ञाएँ कह सुनाईं। उसके बाद झुलसती दृष्टि से सबको देखती बोली, "मेरी समझ में, आप लोगों में कोई ऐसे नहीं जिन्होंने दीदी को न देखा हो। दीदी के सम्बन्ध में जो अन्याय हुआ है, केवल राजा होने के कारण जो स्पर्द्धा, जो भाव, जो घृणा अपर साधारण राजपूत के लिए प्रकट की गई है, वह आप लोगों को मालूम है। यदि वीरसिंह राजा होते, तो दीदी के विवाह के समुद्र-मन्थन में जो केवल विष निकला वह न निकलता, बल्कि अन्य रत्न ही निकलते हुए देख पड़ते। क्या वीरसिंह सच्चे वीर और एक राजा के सेनापति न थे? क्या यह अपमान हर एक सच्चे वीर का न था—बोलिए आप लोग?

"था," दो-तीन क्षुब्ध नायकों ने आवाज की।

"दीदी ने कभी राजा और प्रजा, स्वामी और सेवक का विचार नहीं किया। उनकी दृष्टि में वीर का ही महत्त्व था। उन्होंने वीर को वरा। सच्चे वीर वीरसिंह से आप लोग परिचित हैं। उनका युद्धकौशल प्रत्यक्ष देख चुके हैं। फिर भी आप लोग क्या बता सकते हैं कि उनका अपराध भी था जिससे उन्हें अपने स्थान लालगढ़ से सदा के लिए बिदा लेनी पड़ी?"

"निःसन्देह उनके साथ अन्याय हुआ है।" इस बार चार-पाँच एक साथ कह उठे, भिन्न-भिन्न शब्दों में एक अर्थ।

"वे वीरसिंह और देवी यमुना आज भी, सम्भव है, छिपे हुए किसी प्रकार जीवन-निर्वाह कर रहे हों। पर क्या वे न सोचते होंगे कि जिन साधारण सरदारों को ऊँचा उठाने के लिए वह आदर्श था, वे और सिर झुकाए उन्हीं राजा कहलानेवाले पुरुषों की सेवा कर रहे हैं? क्या वे न सोचते होंगे कि उनके भाइयों ने यदि उनका पक्ष लिया होता तो आज वे लोकलोचनों के समक्ष होते? क्या यह सरदारों के लिए लज्जा

की बात नहीं?"

सभी सरदार सिर झुकाए बैठे रहे।

"वीरो, तुम राजा के लिए कटकर मर जाते हो, पर अपने लिए सिर भी नहीं उठाते। तुम पर अत्याचार बढ़ते ही जा रहे हैं; पर तुम एक बार भी अपनी सदाचारिता नहीं प्रदर्शित करते। तुम लोग जानते हो कान्यकुब्जेश्वर को प्रसन्न करने के लिए राजा महेन्द्रपाल ने सेनापति वीरसिंह से अन्याय-व्यवहार किया था। देवी यमुना उन्हें मुक्त कर उनके साथ निरुद्देश्य हो गईं। वे आज भी हैं। मुझे पता लगा है। यदि तुम मेरा साथ दो तो मैं तुम्हारे पक्ष से लड़ने के लिए तैयार हूँ। दर्पी उद्धत बलवन्त को तुम्हें नीच समझने की घृणा का उचित फल प्राप्त होगा।"

सेनापति से न रहा गया। कहा, "आप ठीक कहती हैं, मैं प्राण रहने तक आपका साथ दूँगा।" नायकों ने भी धर्म-साक्षी कर शपथ की।

"धन्य है, धन्य है!" उच्छ्वसित रत्नावली की आँखों से आनन्द की ज्योति विच्छुरित होने लगी, "तुम सत्य ही क्षत्रिय हो, तुमसे तुम्हारी माताएँ पुलकित, पत्नियाँ हर्षित हैं। देखो," गले से उठाकर हार दिखाती हुई, "यह हार मैंने एक भिक्षुक से खरीदा है। उसने स्वयं विश्वास कर मेरे पास लाकर बेचा। कुछ दिनों बाद वह आएगा तब तुम्हें और अच्छी तरह मालूम हो जाएगा; यों वामा (सेविका) से पूछ सकते हो यह माला लालगढ़ के कुमार ने भिक्षुक को दी, दलमऊ की कुमारी प्रभावती की माला से बदली थी। इस समय भी कुमार देव के गले में प्रभावतीवाली माला है। इससे प्रमाणित है कि कुमार देव ने बलपूर्वक विवाह नहीं किया, पर प्रभावती के भीरु पिता स्वार्थवश प्रभावती का बलवन्त से विवाह करना चाहते थे। कुमार प्रभावती के साथ नाव पर थे जब बलवन्त घायल हुए। आज वह प्रसंग अनेक षड्यन्त्रों का दृश्यफल प्रकट कर रहा है। वह तुम्हें मालूम हो—भगे हुए राजा महेन्द्रपाल को एक वर्ष के भीतर खोजकर पकड़ देनेवाले को निष्कर पाँच गाँव की जागीर और कुमार देव को जीवनभर के लिए देश-बहिष्कार है। देखो, कैसा विवाह है? इसके मूल में भी बलवन्त हैं।" सभा के लोग मौन।

"मैं जानना चाहती हूँ, क्या तुम इस तरह की आज्ञाओं को

मानकर ही चलना चाहते हो?''

''नहीं, हमें सहारा न मिल रहा था, हम दिल से बराबर ऐसे कृत्यों को बुरा मानते आए हैं।''

''ठीक है।'' रत्नावली शान्त होकर बोली, ''आप लोग जाकर विश्राम कीजिए। मैं प्रतिकार करती हूँ, बलवन्त का दुर्ग के भीतर प्रवेश पहरों में कहकर, रोक दीजिए। आज्ञा मेरी रहेगी।''

सत्य के लिए दृढ़प्रतिज्ञ, कोई-कोई सच्ची वीरता दिखाकर रत्नावली के लोभी, इस नई उद्भावना में लीन, अपने-अपने वासस्थल को गए।

रत्नावली कुछ देर तक बैठी रहकर, स्वस्थ होकर, सस्नेह कुमार को देखती हुई बोली, ''आप चिन्ता न कीजिएगा। चाँद देर तक बादलों में न ढँका रहेगा।''

''आप अकारण मेरे लिए कलह न कीजिए।''

''मैं कलह नहीं कर रही। कलह दूर कर रही हूँ।''

''फिर भी भाई से वैर होगा।''

''नहीं, स्वभाव से भाई वैरी था, उसे मित्र बनाऊँगी।''

''नहीं, मैं कल यहाँ से चला जाऊँगा। मैं समझता हूँ, यमुना देवी की भूमिका आपने मेरे लिए बाँधी।''

''वामा,'' रत्नावली ने सेविका को आवाज दी, ''सब फाटकों में कह आ, कुमार आज्ञा के अनुसार चले जाना चाहते हैं, वे जाने न पाएँ, जब तक निर्णय न होगा, वे यहाँ बन्दी रहेंगे।''

सेविका प्रणाम कर चली गई।

लौटकर संवाद लाई, एक दूत किसी राजराजेश्वरी का भेजा हुआ कुमार को स्वयम् पत्र देना चाहता है।

आने की आज्ञा हुई। दूत ने कुमार को पत्र दिया।

खजाना लूटकर प्रभावती ने निश्चय किया, जब तक कुमार के मन में वह प्रभावती रहेगी, कुमार रत्नावली का प्यार स्वीकृत न करेंगे। यह सोचकर एक चिट्ठी कुमार के नाम लिखी और एक दूसरे सिपाही के हाथ, जो वहाँ का न था, मर्म समझाकर भेज दी। खोलकर कुमार पढ़ने लगे :

''श्रीकुमार देवजू को राजराजेश्वरी का यथोचित।

समाचार यह है कि तुम्हारी पत्नी प्रभावती ने मेरा आश्रय ग्रहण

किया है जब उसे कहीं भी रहने का स्थान नहीं मिला। वह मेरी दासी है। मुझे अब तक तुम्हें सूचित करने का समय नहीं मिला। कारण, मैं बलवन्तसिंह का भेजा कान्यकुब्ज को जाता हुआ कर लूटने की चिन्ता में थी। कर लूटकर निश्चिन्त होकर तुम्हें लिख रही हूँ। मेरी दासी भी शस्त्र चलाने में पटु है, इसलिए मुझे बहुत पसन्द आई। संवाद मिला है कि तुम्हारे पिताजी जो तुम्हारे इस विवाह के भ्रमात्मक कारण से बन्दी कर लिए गए थे, सिन्धु नाम की कान्यकुब्जेश्वर की नर्तकी की कृपा और छल से मुक्त हो गए हैं। उन्हें लेकर नर्तकी अपने बचाव के विचार से अदृश्य हो गई है, उन्हीं के नाम से एक धोबी को फँसाकर। आशा है, तुम प्रसन्न हो, और यदि मेरी दासी को या मुझे कुछ लिखना चाहो तो पत्र-वाहक के हाथ लिखकर भेज सकते हो।

–श्रीमती राजराजेश्वरी''

पत्र पढ़कर कुमार ने रत्नावली को पढ़ने के लिए दिया। कुमार में एक साथ इतने परिवर्तन आ चुके थे कि इस पत्र का वैसा कुछ प्रभाव उन पर न पड़ा, अकारण एक दुःख हुआ। रत्नावली पत्र पढ़कर उसकी ध्वनि में तमतमा गई। उसी वक्त अपनी तरफ से एक पत्र लिखा। फिर राजकुमार से उत्तर के लिए पूछा। कुमार ने कहा कि कोई ऐसी आवश्यकता उत्तर देने की क्या है। मैं केवल इतना आपसे अनुरोध करूँगा कि आप महाराज के हाथ अपना पत्र भेजें। देवी प्रभावती से महाराज जबानी मेरा हाल कह देंगे, महाराज प्रभावती के ही चित्रालय में रहते हैं।

रत्नावली ने पत्र बन्दकर महाराज को दिया। फिर दासी के कान में महाराज को पाथेयरूप एक पुरस्कार निश्चय कर देने के लिए कहा।

महाराज विद्या के पढ़ाए हुए थे कि कहीं छोड़कर न जाएँ। विद्या प्रभावती की खोज में यहाँ आई थी। बातचीत से महाराज को मालूम हो गया कि प्रभावती को वहाँ जाना है। जब मनवा आए थे तब कोस भर दूर तक विद्या भी घोड़े पर थी। यहाँ आते समय विद्या ने गंगापुत्र की हैसियत से मिले घोड़ों को जो कुछ भी मिले, उसी कीमत पर बेच देने के लिए महाराज को सलाह दी थी। उन्होंने ऐसा ही किया था।

अब चिट्ठी लेकर चलते समय विद्या की बात सोचकर बोले, 'और वह भी साथ है। वह घोड़े पर कैसे चढ़ेगी?'

हँसकर रत्नावली ने कहा, "तो हाथी पर जाइए।"

"अच्छा," सोचते हुए महाराज ने कहा, "हौदा कसवाय देव।" कहकर पत्र लेकर डेरे गए। विद्या बैठी सोच रही थी। महाराज के पैरों की आहट से भी उसे बाह्यज्ञान न आया। कन्धा पकड़कर हिलाते हुए महाराज ने कहा, "पता लग गया, वहाँ से चिट्ठी आई है। उसका जवाब ले जा रहे हैं। हम घोड़ों पर जाते, फिर याद आया, हमने कहा, और वह जो है। तो कुमारीजी बोली, हाथी में जाओ। हाथी में तो नहीं दोख? और हे! बड़ी खराब खबर आई है। राजा महेन्द्रपाल भगे है, कोई सालभर में पकड़ लेगा तो उसको पाँच गाँव की जागीर मिलेगी, और देव कुमार को देश-निकाला दिया गया है। और लालगढ़ लूटने के लिए महेश्वरसिंह, प्रभा के पिता, परसों चलेंगे।"

"जाओ, कहो, हाथी पर नहीं, रथ पर जाएँगे। वह गठरी-मुठरी लेकर हाथी पर क्यों बैठेंगे?"

महाराज फिर कहने गए।

उन्तीस

प्रभा एक पेड़ की छाँह में बैठी थी। घोड़ा बँधा हुआ था। घोड़े की पीठ ही अब वासस्थल है। पुराना मन्दिर, जीर्ण प्रासाद या खुला प्रान्तर कुछ क्षण के लिए शयन-भूमि। खाना, पीना, रहना, प्रायः घोड़े की पीठ पर। इस समय अपने भावी कार्यक्रम की चिन्ता में तन्मय रहती है–किस उपाय से ग्रामीणों में शिक्षा का प्रचार होगा, बाहर रहकर भी प्राणों के भीतर पैठने का उत्तम मार्ग तैयार होगा, सर्वसाधारण के हित की किस तरह की धारा प्रखरतर होकर उन्हें शीघ्र बहुत ज्ञान के समुद्र से ले चलकर मिलाएगी, साथ-साथ जनता को इस रीति के ग्रहण में किसी तरह का संकोच न होगा, बल्कि इससे लोगों में स्फूर्ति फैलेगी और परस्पर सम्बद्ध होने की सहृदयता दूर-दूर के भिन्न-भिन्न गाँवों और वर्णों के लोगों को बाँधेगी। हर वर्ण की अलग-अलग शिक्षा हर वर्ण के मनुष्य को पूर्णता तक पहुँचाएगी, और जबकि हर शिक्षा अपनी प्रगति में दूसरी शिक्षाओं का सहारा लेती है, तब हर मनुष्य भी सापेक्ष होकर दूसरे मनुष्य का मूल्य समझेगा। भिन्न वर्ण के प्रति इस प्रकार घृणा का भाव न रह जाएगा। सम्बद्ध

होकर देश सच्ची शक्ति से प्रबुद्ध होगा, यह सफलता साधारण आनन्द की दात्री नहीं। इसमें प्रिय का जो रूप है, वही यथार्थ मुक्ति के आनन्द का कारण हो सकता है।

प्रभावती छाँह में तने के सहारे आधी लेटी हुई इस प्रकार से भविष्य की कल्पना कर रही थी। खजाना लूटकर चतुर्थांश उसने उसी क्षण सिपाहियों में बाँटा था। एक चतुर्थांश और सिपाही बढ़ाने के लिए लगाने को कहा था, बाकी एक चतुर्थांश रखकर, वहाँ के कई गाँवों के दरिद्रों में चतुर्थांश धन बँटवा दिया था।

कुछ सिपाही नित्य-कृत्य में लगे थे। कुछ प्रभावती की रक्षा में इधर-उधर बैठे खड़े थे। चारों ओर नाले, ढाक का वन। कुछ लोग पेड़ पर चढ़े बैठे थे। आगे घोड़ा और पीछे रथ आता हुआ देखकर एक ने पास के दूसरे से कहा। उसने भेजे हुए सिपाही का अन्दाजा लगाया। एक तीसरा उतरकर घोड़े पर चढ़कर वन के किनारे पहुँचा। घोड़ेवाले सिपाही से तथ्य मालूम हुआ। उसने रथ वहीं रोक देने के लिए कहा। रथारोही ने महाराज से पैदल चलकर मिलने के लिए निवेदन किया। रथवाहक को प्रतीक्षा में वहीं रहने के लिए स्नेहपूर्वक कहा।

विद्या अपना सामान महाराज को लेकर चलने के लिए कहकर उतरी। अश्वारोही दूत भी घोड़े से उतर पड़ा, लगाम थामकर बढ़ा। पीछे-पीछे महाराज, उनके पीछे विद्या चली। कुछ झाड़ियों की आड़ रह गई तो दूत ने महाराज को वहीं प्रतीक्षा करने के लिए कहा और स्वयं प्रभावती के पास चला। प्रभा उठकर बैठ गई। दूत ने प्रणाम कर पत्र देने की खबर कही और कहा कि कुमार देव ने उसका उत्तर अपने दूत के हाथ भेजा है, दूत के साथ उसकी पत्नी भी है, रथ पर आए हैं। रथ वन के किनारे खड़ा है। दूत अपनी पत्नी के साथ आज्ञा की प्रतीक्षा कर रहा है। दूत पत्नी को लेकर आया है, यह एक विचित्र विनोद-सा प्रभावती को मालूम दिया। उसने आज्ञा दी, "अच्छी बात है, दूत की पत्नी को सम्मानपूर्वक आगे करके दूत को ले आओ।"

आगे-आगे विद्या, उसका सामान लिए सकुचाते हुए पीछे-पीछे महाराज चले। भावमयी अपूर्व-सुन्दरी विद्या को प्रभा देखती रह गई। उसके पीछे महाराज को देखकर हँसी न रोक सकी। कहा, "महाराज, आप निन्नानवे के फेर में पड़ गए? एकाएक बड़ा भारी भार पड़ा!

प्रणाम करती हूँ। अच्छे तो हैं?'' कहकर महाराज की धर्मपत्नी को प्रणाम करने को अंजलि बाँधी तो उसने हाथ पकड़कर छुड़ा दिया—''मुझे नहीं,'' स्नेह के कंठ से कहकर। प्रभावती ने सोचा, शायद महाराज ने कहीं से भगाया है। महाराज ने ऊँचे स्वर से प्रभावती को आशीर्वाद दिया। फिर सबको वहाँ से हटा देने के लिए कहा। इंगित पा लोग इधर-उधर हो गए।

महाराज ने रत्नावली की चिट्ठी निकाली। बड़े आग्रह से प्रभा ने हाथ बढ़ाया। महाराज संकुचित होकर बोले, ''लेकिन बिट्टीरानी, यह चिट्ठी तो रतन ने, राजराजेसुरी कोई हैं इहाँ, उनको देने के लिए दी है।''

''तो मुझ पर विश्वास नहीं तुम्हें?''

''तुमसे ज्यादा विश्वास किस पर होगा हमको? हम कुछ राजराजेसुरी के बसते हैं, तुम ही लेव।''

''तुम्हें अब रतन के पास लौटकर थोड़े जाना है? घबराते क्यों हो? पढ़कर पहुँचवा दूँगी।''

प्रभावती उतावली से चिट्ठी खोलने लगी। विद्या भाव समझकर पुलकित हो मुस्कुराती रही। एक दृष्टि से प्रभावती पढ़ने लगी—''डाकू राजराजेश्वरी को यथोचित।

कुमारदेव को लिखा तुम्हारा पत्र कुमार की इच्छा से मैंने पढ़ा। उनका स्वास्थ्य अच्छा नहीं, इसलिए उचित उत्तर मैं उनकी ओर से लिख रही हूँ। पुनः वे तुम्हें उत्तर लिखकर सम्मान दें, ऐसी मर्यादा तुम्हारी नहीं। मैं भी न लिखती, मेरी दासियों के तुम्हारी-जैसी दासियाँ हैं। चार बदमाश इकट्ठे करके रास्ता चलता धन लूटकर तुम्हें शक्ति का गर्व है, लज्जा नहीं। शक्ति के स्पर्द्धाभाव में देवी यमुना की सहोदरा तुम्हें क्या समझ सकती हैं, सोच लो। तुम राजराजेश्वरी समझती हो अपने को! मिलने की जगह बतलाओ तो बल की परीक्षा कर ली जाए। देखो फिर मेरे पदत्राण उठाने से पहले परित्राण पाती हो या बाद।

—कुमारी रत्नावली''

कई बार प्रभावती ने पत्र पढ़ा। कई बार देव-शब्द को आँखों से लगाया। इच्छा हुई, हृदय से लगाएँ। पर महाराज और विद्या की लाज

बाधक हुई। मन से उसे सहस्र बार हृदय से लगाया। भाव में भरी हुई देर तक बैठी रही। कुछ समझ में न आ रहा था कि इसका क्या उपाय किया जाए।

मन के क्षोभ को समझकर विद्या ने प्रिय स्वर से कहा, "देवी, आप चिन्ता न करें। अभी और बहुत-से संवाद आपको सुनने हैं। इसके बाद कार्य की चिन्ता करनी है। मेरा विचार है, यह सारी धूल सघन कार्य की वर्षा से दब जाएगी। पथ सुखमय होगा।"

विद्या की आवाज ऐसी थी कि प्रभा आकृष्ट हो गई। यह स्त्री पत्नी-रूप से महाराज से ही नहीं मिल सकती, विश्वास हो गया।

"आपसे मेरा विशेष परिचय नहीं, पर मैं एकान्त में आपसे बातें करना चाहती हूँ, क्योंकि स्त्रियों की भीतरी बातें पुरुष के सामने नहीं हो सकतीं (महाराज को सुनाकर कहा)। तब तक महाराज वहाँ से आए रथवाले को देखकर आएँ कि उसके भोजन-पान का अच्छा प्रबन्ध हुआ या नहीं और वह कब तक यहाँ से जाना चाहता है।" प्रभा ने कहा। महाराज उठे।

"ठहरो।" विद्या महाराज से बोली, फिर उसने प्रभावती की तरफ रुखकर कहा, "उसे इसी वक्त कुछ देकर विदा कर देना ठीक होगा, क्योंकि ऐसी परिस्थिति है।" कहकर अपनी एक अँगूठी निकालकर प्रभा को देखती हुई बोली, "इसे आप अपनी ही चीज समझें, मैं आपको कष्ट देना नहीं चाहती, महाराज उसे आपके नाम से पुरस्कृत करके जाने के लिए कह दें, आपको मेरी चीज लेने में शास्त्रीय आपत्ति न होगी, विश्वास रखें।"

"पर मेरे नाम से नहीं महाराज, कहना कि देवी राजेश्वरी ने पुरस्कार दिया है।"

अँगूठी लेकर महाराज चल दिए, डरे कि पहली रातवाली बात कह न दे, जिसे उन्होंने छिपाया था।

विद्या महाराज से मिलने की पहली रात से लेकर मनवा से चलने तक सभी बातें सुधरे ढंग से कहने लगी, जिसमें थोड़े समय में सभी बातें और सारा परिचय आ गया। महाराज से उसे दूत की कही लालगढ़ लूटनेवाली गुप्त बात भी मालूम हो चुकी थी। उसे भी कहा। सोचा था, महेश्वरसिंह सम्भव है, प्रभावती का स्नेह माने।

प्रभा चुपचाप सब सुनती रही। इस अद्भुत स्त्री के प्रति उसकी

सहानुभूति, सम्मान और अभेद अपनाव पैदा होता रहा, ज्यों-ज्यों वह बातचीत में आगे बढ़ती गई।

सारी बातें सुनकर प्रभा ने कहा, "बहन, लालगढ़ की रक्षा पिता की कृपा पर निर्भर रहने पर नहीं हो सकती। वे इतने कृपालु व्यक्ति नहीं। विरोध से हो सकती है। पर मेरे पास जितना धन है, इतने से अतुल्य सैन्य संग्रह किया जा सकता है। पर यह कार्य शीघ्र न होगा। अधिक अर्थ का लोभ देकर सेना एकत्र नहीं की जा सकती, कारण उतना अर्थ नहीं; पुनः जो अर्थ मेरे पास है, वह दूसरे अभिप्राय से है। मैं लालगढ़ की रक्षा के लिए उसका व्यय करूँगी तो मेरे सहकारी अच्छी आलोचना न करेंगे।"

कुछ क्षण विद्या चुप रही। सोचकर कहा, "पहले तो आपको कुमार देव की पत्नी होने का प्रमाण पेशकर राजा महेश्वरसिंह के पहुँचने से पहले पहुँचकर दुर्ग में अधिकार करना चाहिए। फिर पत्र लिखकर समय की प्रार्थना। अवश्य यह अधिकार राजा महेश्वरसिंह नहीं रखते। पर इसके बाद युद्ध होने पर भी आपकी विजय होने पर बाद की शंका कम रहेगी। क्योंकि कान्यकुब्जेश्वर न्याय के फन्दे में आ जाएँगे। रही बात खर्च की, सो वहाँ अधिकार मिलने पर सेना भी मिलेगी, और वह सेना सुशिक्षित होगी, थोड़ी ही सेना बाहर से एकत्र करनी पड़ेगी। सम्भव है, लालगढ़ के ही लोग धर्म और सत्य का विचार कर आपका साथ दें। नहीं तो यह लीजिए, इससे आप राजा महेश्वरसिंह की दसगुनी सेना एकत्र कर एक साल तक युद्ध कर सकती हैं। यह किसी का दान नहीं। मेरे परिश्रम से अर्जित अर्थ है।" यह कहकर हीरे, मोती और भिन्न-भिन्न रत्नों की पेटिका खोलकर प्रभा के सामने बढ़ा दी।

एक बार पेटिका और एक बार विद्या की ओर दिव्य भक्तिपूर्ण दृष्टि से प्रभा ने देखा।

कुमारी रत्नावली ने कुमार के लिए जो संगठन किया था, विद्या से उसे मालूम हो चुका। किसी तरह दोष की अँधेरी रातवाले दिन कटें तो आकाश पर उसके परिणय के दिन की पूर्ण शशांकच्छवि अंकित दिखे—इस बार कुमार और रत्नावली एक साथ बँधकर सदा के लिए सुखी हों। यह लालसा प्रभा के हृदय में लहराकर रह गई—दीदी का ऋण इस शोध से भी पूरा न होगा!

प्रभा ने निश्चय कर कहा, ''मैं यथाशक्ति आपकी आज्ञा पालन करूँगी।''

''हम में 'तुम' का ही व्यवहार ठीक होगा। तुम मुझसे उम्र में छोटी होगी, यमुना देवी बड़ी।'' मुस्कुराकर प्रभा उठकर बन में एक तरफ गई।

तीस

धोबी और धोबिन से मिलकर भरसक जल्द लौटने का कौल कर भौजी के साथ रामसिंह बिदा हुआ। फैसले की सारी बातें गुप्त रीति से मालूम हो गई थीं। उपाय न रहने पर भी उद्यम करने के विचार से भौजी की सलाह पर चला था। यों रामसिंह विद्या की खोज करना चाहता था। एकान्त में उसने भौजी से कहा भी था कि उसके बिना उसका जी मसोस रहा है। सुख में पली थी, अब न जाने कैसे दुख झेलती हो। भौजी ने स्नेह के स्वर में कहा था कि धैर्य रखना ठीक है, जबकि मिलने का वादा बदा जा चुका है। जब पहले पहल बारिश होती है तब दुनियाभर के काँटे बढ़ते हैं, उस समय तैरकर पार करने के बनिस्बत नदी का बहाव देखते रहना ज्यादा अच्छा है। कहीं काँटे में उलझ गए तो फिर जिन्दगीभर के लिए पार रह ही जाता है—धारा-ही-धारा जान पड़ता है। फलतः रामसिंह ने भाभी की वश्यता स्वीकार की। सोचा, एक दूसरी अभिज्ञता होगी, इतना नाम सुना है, कुछ काम भी देखूँ। चूँकि प्रभावती का पता न था और पता लगाकर लालगढ़ की रक्षा करते देर हो रही थी, ऐसे ही मनवा जाकर

लौटते-लौटते महेश्वरसिंह लालगढ़ दाखिल हुए जा रहे थे, कुछ पेशबन्दी न हो रही थी, इसलिए यमुना ने सीधे लालगढ़ चलने की सलाह दी। यथासमय तैयार दो घोड़े स्वामीजी के डेरे पर मिले, यमुना और रामसिंह भक्तिपूर्वक स्वामीजी से बिदा लेकर चले।

काफी दूर निकलकर विश्राम के लिए दोनों उतरे। घोड़ों के दाना-पानी का प्रबन्ध किया। सायिक सेवा के लिए नौकर बुला लिया। स्नान-भोजन कर दोनों ने कुछ काल आराम किया।

एकान्त देखकर रामसिंह ने पूछा, ''भाभी, हम दो आदमी दस हजार का सामना करेंगे?''

यमुना सोच रही थी, बोली, ''क्यों, तुम दो आदमियों ने दस लाख का सामना कैसे किया?''

''वह तो चाल थी।''

''यहीं कौन ढाल-तलवार लेकर लड़ने जा रहा है?''

''भाभी, तुम कितने आदमियों का सामना कर सकती हो?''

''अकेली?''

''हाँ।''

''एक आदमी का।''

बेवकूफ की तरह देखता हुआ रामसिंह बोला, ''लेकिन तुमने भाई साहब को थोड़े आदमियों की मदद से छुड़ाया था।''

''वह और बात थी। सूझ भी लड़ाई में कभी-कभी नक्शा बदल देती है।''

''इस मामले में कुछ सूझा?''

''हाँ, देखो, बताती हूँ। जाओ थोड़ा-थोड़ा रंग सब तरह का खरीद लाओ। कूचियाँ भी तीन-चार। कम-से-कम एक।''

भाभी तस्वीर खीचेंगी, सोचकर रामसिंह बहुत खुश हुआ। यह विद्या वह भी जानता है। बड़ा आग्रह हुआ कि भाभी का हाथ देखें। मन में तरह-तरह से सोचता हुआ चला। जहाँ टिके थे, वहाँ से बाजार निकट था। चित्र खींचने का सारा सामान, प्यालियाँ, कूची, रंग, पत्र खरीद लिये। फिर यथारीति सब तैयार कर भाभी के सामने रखा, और शिष्य की तरह आग्रह से देखने लगा। यमुना ने करुणा से भरी हुई एक मूर्ति पत्र लिखकर नामाक्षरों के नीचे अंकित की। रामसिंह देखकर मुग्ध हो गया। आत्म-सम्प्रदान के स्वर से बोला, ''भाभी, इस

दूसरे पत्र में भाई साहब की एक तस्वीर खींचकर अपने यथार्थ हस्ताक्षरों से एक पत्र लिखो, मैं सोने में मढ़कर बाँह में बाँधूँगा।'' प्रसन्न होकर यमुना रामसिंह का आग्रह पूरा करने लगी। ऊपर बहुत जल्द, बड़ी सफाई से, वीरसिंह की वह मूर्ति खींची जो उसने पहले-पहले देखी थीं, फिर प्रणय-पत्र के तौर पर एक भावपूर्ण पत्र लिखकर नीचे 'कुमारी त्रियामा' स्वाक्षर कर दिया। आनन्द से पुलकित होकर रामसिंह नम्र भाव से खड़ा रहा। फिर दोनों हाथों पत्र लेकर मस्तक पर रखकर पूर्ण भक्ति-प्रीति की दृष्टि से देखा। वीरसिंह की यह युवक-मूर्ति है। कितना आकर्षण है आँखों में! कैसी अपराजिता ज्योति निकल रही है! भाभी के हस्ताक्षर भी कितने अच्छे! पूरी प्रसन्नता से देखकर यत्नपूर्वक रखकर कहा, ''उस पत्र का लक्ष्य में समझ गया।''

''हाँ, अब तो तुम्हारे जैसे चतुर के लिए समझ जाना उचित है।''

''खूब लड़ाई है अक्ल आपने।''

यमुना चुप रही। फिर रुककर बोली, ''तुम्हारी मौलिकता की नकल की मैंने।''

प्रसन्न होकर रामसिंह बोला, ''नहीं, नकल तो पूरी-पूरी नहीं कही जा सकती। पर आपने मुझे समझा जरूर दिया कि इस विद्या में आप मेरी यथार्थ आचार्य है। मुझे कुछ सलाह विद्या से मिली थी। आप अकेली पूर्ण हैं।''

''अच्छा तुम क्या समझे? कुछ कहो।''

''मैं समझता हूँ, काम के लिए यहीं रहना ठीक होगा, चलने का परिश्रम व्यर्थ है और आगे अब मेरा कर्तव्य होगा।''

''हाँ, तुम ठीक समझे।''

''मेरा विचार है आप समय लेना चाहती हैं, बिना समय के आप सफल नहीं हो सकतीं।''

''हाँ, ठीक है।''

''परन्तु इसके आगे सफलता निश्चित ही हो, ऐसी बात नहीं, सम्भावना है। यह जरूर है कि इस पत्र की सफलता पर सन्देह नहीं होता।''

''हाँ, तुम उस्ताद हो गए।''

''तो मैं रह जाऊँ, आप जाइए।''

"अगर तुम फँस गए?"

"मैं इस बार नहीं फँस सकता।"

"तुम भूलते हो।"

"समझ में नहीं आता।"

"तुम्हें अपनी पुष्टि के प्रमाण रखने चाहिए।"

"जी हाँ, वहाँ के, अगर बातचीत हो।"

"हाँ!"

"बतलाइए।"

"लिखो।"

रामसिंह लिखने लगा।

"दुर्ग के द्वार से निकलते दाहिनी ओर बस्ती है।"

"जी!"

"पैठते तीन द्वार हैं। फिर दो सेनानिवास, फिर रनवास।"

"जी।"

"दुर्ग के बाईं तरफ चोर-द्वार है। दाहिनी तरफ तंग बगल से रास्ता। दुर्ग की ऊँचाई रनवास के पास प्रायः दो सौ हाथ; द्वार के पास भूमि से प्रायः दस हाथ की चढ़ाई पर।"

"जी।"

"सरदारों के नाम; सेनापति विक्रमसिंह, सहायक यदुनाथसिंह, शत्रुघ्नसिंह, बुद्धिबल, ज्ञानसिंह, महीपतिसिंह। रानी की दासियाँ, मुख्य चपला, मालिनी, लवंगी, श्यामा, रामा, विमला।"

रामसिंह ने लिख लिया।

यमुना विश्राम का समय समझकर रामसिंह से विदा हुई, छुट्टी मिलते ही मिलने के लिए कहकर।

इकतीस

कान्यकुब्ज से राजा महेश्वरसिंह के प्रस्थान करने के दिन प्रभावती लालगढ़ के उत्तर वाले मैदान में अपनी सेना अलग-अलग टुकड़ियों में बाँटकर एकत्र करने लगी। उसने अपने विश्वस्त अनुचरों में जिन्हें दक्ष समझा था, एक-एक सेना का नायकत्व उनमें एक-एक को दिया था। जिन गाँवों की उसने सहायता की थी, उनके लोग संवाद पाते ही साथ देने को चल दिए थे। वेतन अधिक मिलने का प्रकाश्य रूप से प्रचार किया गया था। भूखे लोग अपनी तलवार बाँधकर ढाल लेकर सेना में भर्ती होने को चल पड़े थे। इस प्रकार प्रभावती के साथ प्रायः पंचदश सहस्र सेना थी। एक-एक फौज उसके एक-एक सरदार के अधीन, दूसरी से कुछ फासला रखकर, चली आ रही थी। देखते-देखते लालगढ़ के उत्तर समुद्र-सा गरजने लगा। लालगढ़ पर जो विपत्ति का वज्र कान्यकुब्ज के विचार में टूटा था, उसका संवाद वहाँ फैल चुका था। सब श्रीहत हो रहे थे! कुमारदेव की माता मुरझाई हुई बैठी थीं। वहाँ अभी यह संवाद न पहुँचा था कि लालगढ़ की जब्ती की भी आज्ञा उसी दिन हुई थी और राजा महेश्वरसिंह कान्यकुब्ज की

दस हजार सेना के साथ चढ़ाई करनेवाले हैं। प्रभावती की सेना को एकत्र होते देख नगर तथा दुर्ग के लोग कुछ समझ न सके कि वह किसकी सेना है और उसके आने का कारण क्या है। भय से लोग विवर्ण हो गए। उन पर पहले ही इतना अधिक दुःख पड़ चुका था कि लड़ने के लिए उनका हाथ न उठ रहा था। सेना भी उनके पास इतनी अधिक न थी। सब त्रस्त हो रहे थे, नगर में चारों ओर आतंक छाया हुआ था।

प्रभा एक जंगली कुंज में विद्या के साथ बैठी हुई आगे के कार्यक्रम पर विचार करने लगी।

"जैसी कि पहले मैंने कुमार को सोचकर लिखा था, तदनुकूल यहाँ राजराजेश्वरी का अभिनय करो।" गम्भीर होकर प्रभा ने कहा।

"तो?"

"तो, सम्भव है, दुर्ग के लोग आसन्न विपत्ति से उद्धार पाने के लिए तुम्हारी शरण में आएँ, तुम लिखो भी कि इस-इस तरह राजा महेन्द्रपाल और कुमार पर अन्याय किया गया है। प्रभावती ने हमारी शरण ली है—कुमार का पत्र प्रमाण है—अतः हम दुर्ग की रक्षा के लिए आए हैं। राजा महेश्वरसिंह आज चलकर शीघ्र किला लूटने के लिए पहुँचेंगे। हमारी इच्छा है कि तुम लोग निश्चिन्त होकर हमसे सहयोग करो। हम यहाँ से सच्चे प्रमाण राजा महेन्द्रपाल और कुमार के निर्दोष होने पर भेजेंगे। अभी तक कहीं पैर न जम सकने के कारण प्रभावती अनुकूल कार्य नहीं कर सकी।"

"बुरी नहीं सलाह।"

"फिर जल्दी करो।"

इन्हीं संकेतों पर विद्या ने एक दीर्घ पत्र कुमारदेव की माता रानी कमला को लिखा और राजराजेश्वरी नाम से साक्षर कर दिया।

पत्र पहुँचाने के लिए महाराज को भेजा, लिख दिया कि ये महाराज शिवस्वरूप दलमऊ के रहनेवाले हैं, प्रभावती के मामले में बलवन्तसिंह और महेश्वरसिंह से डरकर घर छोड़ा था। अनेक प्रकार से पत्र में धैर्य दिया।

महाराज पत्र लेकर चले।

जब यमुना लालगढ़ की सरहद पर पहुँची, तब उत्तर की तरफ गर्द उड़ती हुई देखकर शंका करने लगी। अनेक प्रकार की बातें मन में

आने-जाने लगीं। पहले तो यह सोचा कि राजा महेश्वरसिंह के चलने की तिथि गलत बतलाई गई। यह भी एक राजनीतिक चाल है। वे सीधे रास्ते न आकर, दूसरे रास्ते से आए। अब रामसिंह बेकार बैठा रहेगा। फिर सोचा, सम्भव है, रत्नावली ने कुमार को सहायता दी हो, वहाँ खबर पहुँची हो। वह कुमार को चाहती है, यह अनुमान यमुना कर चुकी थी। एक टीले के पीछे घोड़ा खड़ा किए इसी प्रकार की चिन्ताओं में पड़ी थी, जी व्याकुल हो रहा था, वहाँ जाने का एक उपाय सोच रही थी, इसी समय महाराज का घोड़ा गोल से बाहर निकलकर किले की ओर बढ़ता हुआ दिख पड़ा। साथ-साथ यमुना ने भी घोड़ा बढ़ाया। कुछ निकट आकर महाराज को पहचाना, धैर्य हुआ, अधिक मात्रा में आनन्द भी। इस प्रकार महाराज का आना सूचित कर रहा था कि दल मित्र का है, शत्रु का नहीं। कुछ और तेज घोड़ा बढ़ाकर यमुना ने महाराज को आवाज दी। नाम लेकर पुकारते हुए आदमी की ओर गौर से महाराज ने देखा। यमुना को पहचानकर घोड़ा रोक दिया। बड़े खुश हुए। अब वे यमुना को सच्चे रूप में पहचान चुके थे। सम्मान देने के विचार से घोड़े से उतर पड़े। यमुना की अब दासी-रूप में न रह सकती थी। घोड़े पर बैठी हुई लगाम हाथ में लिए दोनों हाथ जोड़कर प्रणाम किया।

मधुर हँसकर महाराज ने कहा, "देवी, आसिरवाद गँवार बराँभन का यहै है कि तुम्हारा सोहाग अचल होय, और हमारे अपराध क्षमा होयँ।" महाराज की आँखों से आँसू बहने लगे।

यमुना घोड़े से उतर पड़ी। बोली, "बराँभन, इतनी दीनता उठा सकूँ वह शक्ति मुझमें नहीं। आपकी अनन्त मूर्खता इस अलौकिक तत्त्व में दबी है, मेरे समस्त कृत्य यहाँ परास्त हैं।"

फिरकर महाराज को एक पेड़ की छाँह में ले गई, वहाँ छुटने के बाद से अब तक की समस्त बातें मालूम कीं। सब सुनकर प्रभावती के भाव-परिवर्तन पर कुछ देर सोचती रही।

"चलो," यमुना ने कहा, "मैं भी तुम्हारे साथ चलती हूँ। फिर तुमसे जरूरी दूसरा काम है। दूसरा उसे नहीं कर सकता। तुम्हारा घोड़ा थका होगा। काम हो जाए, फिर यहीं से दूसरा सुस्ताया घोड़ा ले लेंगे।"

दोनों घोड़े पर सवार हो लालगढ़ के उत्तरवाले फाटक पर पहुँचे।

रानी कमला के नाम जरूरी पत्र सुनकर सिपाही ने अपने सरदार को खबर दी। वह आया और पत्र लेकर रनवास भेजवा दिया। यमुना ने सरदार कर्णसिंह को बुला देने के लिए कहा। कहा कि कहना कुमारदेव का जबानी हाल है। कर्णसिंह तत्काल आया। यमुना को देखकर देर तक खोया हुआ-सा खड़ा रहा। फिर होश में आ पैर छुए। पूछा, "भय्या के क्या समाचार हैं?"

"अच्छे हैं," कहकर यमुना एकान्त में ले गई, फिर कुछ बातें समझाकर, प्रभावती को बुला लेने के लिए रानीजी से कहने को कहकर जल्द भेज दिया।

बत्तीस

प्रभावती को प्रवेश मिल गया। कर्णसिंह वीरसिंह का सहायक रह चुका था। यमुना को पहचानता था। रानी कमला भी यमुना को देख चुकी थीं। यमुना का नाम सुनकर लालगढ़ के सभी लोग खिल गए। अभी तक ज्ञान न था। अब तो, जानकर कि वह लड़ने के लिए फौज लेकर आई हैं और डाकुओं की रानी किसी राजराजेश्वरी से उनका मिलने का यही कारण है, लोग फिर से आनन्द में मत्त हो गए। फिर उन्हें प्रतिकार की आशा होने लगी। कान्यकुब्ज से लूटने के लिए दस सहस्र फौज लेकर आनेवाले महेश्वरसिंह का सामना करने के लिए अब आस्फालन करने लगे। लालगढ़ के भीतर और बाहर अपूर्वा नगरी हर्ष के समुद्र-सी उद्वेल हो उठी। कान्यकुब्ज की सेना निश्चित रूप से परास्त हो़गी, यह सबका विश्वास हुआ। पाँच हजार सेना लालगढ़ की थी। नगर के लोग मिलकर पच्चीस हजार से भी अधिक हुए जा रहे थे, राजराजेश्वरी की सेना अकेली, कान्यकुब्ज वाली सेना से ड्योढ़ी थी। प्रभा की सेना को रसद की सुविधा हो गई। रत्न तोड़वाकर उसने भिन्न-भिन्न वणिकों से रसद का प्रबन्ध कर दिया।

दुर्ग के चारों ओर कायदे से प्रभा की सेना के पड़ाव पड़ गए। भीतर कुछ चुने हुए आदमी गए। महाराज, यमुना, राजराजेश्वरी, प्रभा और कुछ जन।

प्रभा से पहले-पहल जब यमुना मिली, उसने देखा प्रभा पुलकित होती हुई भी धीर है। पहले का जैसा खुला रूप इस बार नहीं; जैसे एक निश्चय उसमें बँध चुका है, वह बालिग हो गई है, इसलिए इस बार शिष्टाचार पहले से अधिक है। यमुना समझ गई कि इसके अर्थ हैं, मैं अपने विषय में वश्यता स्वीकार नहीं करती। कुछ न बोली। उस पर हुआ कार्य पूरा समझकर चुप रही। खुली विद्या से, जबसे उसे पूरी पहचान के बाद की प्रभा की तरह नम्र और भक्तिमयी देखा। देखती रह गई, प्रदीप-सी शान्त जल रही थी, सारा पाप जल चुका था। मूर्तिमती रागिनी साकार कला बन रही थी। इस पर प्रभावती ने राजराजेश्वरी की तरह सम्वर्द्धित कर सज्जित किया था।

दुर्ग में रानी कमला के पदों में प्रभा ने भूमिष्ठ प्रणाम किया। अश्रु-पुलकित रानी मुख चूमकर, "दुख बहुत मिला?" कहकर अपनी विवशता सोचकर सिसक-सिसककर रोने लगीं। विनीत स्वर से प्रभा को ही धैर्य देना पड़ा। अनेक प्रकार से उसने सासुजी को सान्त्वना दी। "ऐसे स्थलों पर धैर्य रखने की शिक्षा आप लोगों से मुझे मिली है, मैं उसका उपयोग करती हुई शान्ति पाती हूँ और अब पूर्ण विश्वास हो गया है कि मैं स्वयं महाराजाधिराज जयचन्द को न्याय के पथ पर आने को विवश करूँगी," विनीत भाव से सासुजी को समझाया। रानी आश्वस्त हुई। रनवास में खुशी के फव्वारे फूटने लगे।

रात्रि के समय, बहू के आने की खुशी में, रानी ने प्रतिष्ठित राजपुरुषों, ब्राह्मणों, कलाविदों तथा धनिकों को देवियों सहित आमन्त्रित किया। नगरी की प्रसिद्ध नर्तकियों को भी आमन्त्रण मिला। आतिथ्य-सत्कार का बृहत् समारोह होने लगा। बहू देखने का नगर भर में निमन्त्रण फिर गया। देवियाँ उपहार, निछावर आदि ले-लेकर बहू का मुख देखने के लिए चलीं। दुख और चिन्ता के बाद यह आनन्द महानन्द में परिणत हो गया।

प्रभा रानी के पास थी। विद्या और यमुना अलग-अलग प्रकोष्ठों में। यमुना चिन्ताशील, प्रभा की माता रानी पद्मावती को पत्र लिख रही थी। भावों को कई बार मनोयोगपूर्वक देखा। फिर महाराज को

देखती हुई बोली, 'आज यहाँ बड़े जोरशोर का गाना है, अगर आज ही काम पर भेजें तो आपको कुछ बुरा लगेगा, और रात को, मुमकिन है, आपको रास्ता न मिले और आप डरें भी; लेकिन यह समझ लीजिएगा कि रानी पद्मावती का पत्र है, आपके सिवा दूसरा नहीं जा सकता और कल दोपहर तक पत्र उन्हें मिल जाना चाहिए। अगर आप गाना सुनते रहे रातभर तो आप समझिएगा।''

''सवारी पर तो जाना है,'' महाराज ने जल्दी में कहा।

''सवारी पर और मेहनत पड़ती है। सुना है, आपकी बीबी साहबा भी रानी कमलाजी की खुशी में राजराजेश्वरी के नाम से कुछ गाने और नाच भेंट करनेवाली हैं।'' कहकर यमुना महाराज को देखती हुई मुस्कुराई।

''हमें नहीं मालूम,'' उड़ी निगाह से देखते हुए महाराज ने कहा।

''अब आपको कैसे मालूम होगा? अब आपकी बीबी थोड़े ही हैं!—अरे महाराजिन अब तो राजराजेश्वरी हैं। जाइए पूछिए।''

''हे कुमारीजी, जान पड़ता है, राजराजेश्वरी कोई है नहीं! हमें तो न उहाँ देख पड़ी, न इहाँ। बस नामै नाम है।'' महाराज जिज्ञासा की दृष्टि से देखते रहे।

''नाम बड़े, दरशन थोड़े, क्यों महाराज?'' यमुना मुस्कुराई।

महाराज ने भी नीचे ऊपर के दाँत निकाल दिए। फिर चिट्ठी लेकर अँगोछे में लपेटकर कमर में बाँधकर विद्या के कमरे में गए। दरवाजा बन्द करके उसके पलंग पर बैठ गए, और बड़े विश्वस्त स्वर से कहा, ''एक बड़ा संशय मन में है।''

''कह डालो झटपट,'' कहकर मजे की एक चपत मारी महाराज के गाल में, ''अँह, उड़ गया, मच्छर काट रहा था।''

महाराज का संशय दूर हो गया। सचेत होकर गाल एक बार सुहलाकर बोले, ''यह राजराजेश्वरी कौन है?''

''ऐं! अन्धे हो?''

महाराज घबरा गए, बोले, ''हम तो—''

''तुम तो एक सच्चे बेवकूफ हो। कह दिया, मैं तुम्हें प्यार करती हूँ। पर यह मैंने कब कहा कि मैं विद्या हूँ, राजराजेश्वरी नहीं?''

महाराज कुछ खुश होकर कुछ अहमक बनकर बैठे देखते रहे। विद्या महाराज की हथेली अपनी हथेली में लेकर स्वर में नारी-हृदय

की सारी चंचलता भरती हुई बोली, "अच्छा, तुम इतने दिन से तो मेरे साथ हो, कहा, कुछ समझ पाए कि मैं कौन हूँ!"

निश्छल कंठ से महाराज ने कहा, "समझे तो कुछ नहीं!"

"तो राजराजेश्वरी को ही क्या समझोगे जिसे कभी नहीं देखा!"

महाराज को फिर चक्कर-सा आने लगा।

मुस्कुराकर देखती हुई महाराज की एक उँगली दबाकर बोली, "देखो, तुम्हारी कुमारीजी, प्रभावती मेरी चेली है, इतना समझे या नहीं!"

"हाँ, इतना तो अब समझ में आ गया।"

"तो तुम क्या समझते हो कि तुम्हारी कुमारीजी किसी नाचनेवाली की चेली होतीं?"

"हम कुछ नहीं समझते?"

"तभी तो मैं तुम्हें प्यार करती हूँ। कोई दूसरा मर्द होता, तो मन्त्र पढ़कर फूँक देती तो दुनिया के उस पार उड़कर गिरता।"

महाराज ताज्जुब की निगाह से देखने लगे।

"मेरी उम्र क्या समझते हो? तुमने सोचा होगा, इसकी उम्र बीस साल की होगी, मुझसे छोटी है, इसलिए बुजुर्गाने की शेखी में रहते हो। मेरी उम्र पाँच सौ पचहत्तर साल की है, मेरे छनाती के छनाती तुमसे बुड्ढे हैं। सौ साल तक मैं बंगले में रही, सारा जादू वहाँ का सीखा। उसी के बल से सदा जवान रहती हूँ।"

महाराज को शिथिल देखकर बोली, "पर तुम घबराओ मत। तुम ब्राह्मण हो। मैं ब्राह्मण को मानती हूँ, नहीं तो मेरी विद्या भ्रष्ट हो जाए। एक बार सिर्फ चलेगी जैसे तुमको उड़ाना चाहूँ तो उड़ा दूँगी, पर फिर वह विद्या अपने घर चली जाएगी। तुम आराम करो, मैं आती हूँ। आज मेरा नाच है, देखकर बतलाना कैसा लगा।"

"हम नाच न देखेंगे, हमको काम है, सोचेंगे। पिछली रात उठकर जाना है।"

आँखें ऊपर को उठाकर, भौंहें टेढ़ी कर, कुछ सोचती हुई-सी, जरा देर बाद बोली, "हाँ ठीक है, समझ गई," कहकर चादर ओढ़कर बाहर निकली।

यमुना पलंग पर पड़ी हुई विचार में मग्न थी। तरह-तरह के भावी चित्र बना-बिगाड़ रही थी। इसी समय मधुर आवाज आई—"दीदी!"

"आओ।"

धीरे पदक्षेप से विद्या भीतर गई और दोनों हाथों से पलंग पर यमुना के पदपद्म ग्रहण कर माथा रखकर प्रणाम किया।

"रामसिंह के लिए चिन्ता तो नहीं?" छोटी बहन को देखती हुई जैसे, यमुना ने प्रश्न किया।

विद्या समझ गई। पुलकित होकर बड़ी उतावली से पूछा, "क्या छूट गए?—कैसे हैं, दीदी?"

यमुना उठकर बैठ गई और बाँह पकड़कर पलंग पर बैठा लिया, "खूब, तुम भी एक ही मिलीं। अच्छे हैं रामसिंह धोबी, मैं उनकी भौजी बनी थी। विचार में ऐसे ही छोड़ दिए गए। साथ आए हैं। काम से राह पर रह गए। दो-एक दिन में आ जाएँगे। बिचारे ब्राह्मण को धोखे-ही-धोखे में रखा।"

लाज से नत होकर विद्या बोली, "कुछ हो, ब्राह्मण की सरलता अन्यत्र नहीं मिल सकती।" फिर देर तक पहले दिन वाली बातें कहती रही। यमुना मिलाती गई, महाराज ने लौटकर झूठ बयान किया था। दोबारा महाराज से मिलने की बातें और रामसिंह के पास से वीरसिंह की वह तसवीर ले के हाल साद्यन्त कहे और दाहिनी बाँह खोलकर वीरसिंह की वह तस्वीर दिखाई। यमुना ने हाथ जोड़कर प्रणाम किया। फिर, "तुमने खूब पता लगाया, मैं रामसिंह से सारा वृत्तान्त सुन चुकी हूँ, तुम यथार्थ देवी हो, तुममें उर्वशी, देवी दुर्गा, सरस्वती और लक्ष्मी, सबके गुण वर्तमान हैं," कहकर सम्वर्द्धित किया।

"दीदी, प्रभावती के स्वागत में आज मैंने महफिल में उतरने का संवाद भेजा है। आपसे उनकी प्रसन्नता के हाल पाकर मैं अपने को सँभाल नहीं सकती, इतना आनन्द है। प्रार्थना है, उस वक्त आप वहाँ अवश्य रहें, मुझे उत्साह मिलेगा। और यह भी कहें कि मैं किस तरह उतरूँ, वाद्य का भी अच्छा प्रबन्ध होना चाहिए। यह आप ही कर सकती हैं।" विद्या कहकर नतदृष्टि रह गई।

यमुना हँसी। सरल स्वर से बोली, "बहन, वहाँ प्रभावती का स्वागत हो रहा है। महफिल में उसका स्थान भी वैसा ही रहेगा। वह युवराज की परिणीता प्रथम स्त्री है, भविष्य में रानी होगी। मैं यहाँ के सेनापति की पत्नी हूँ। मुझे राज-कन्या समझती हुई भी रानी कमला सेनापति तथा सरदारों की महिलाओं में ही स्थान देंगी, नहीं

तो बनता नहीं, मैं भी इस प्रथा को व्यवहारोचित मानती हूँ, और मुझे उनमें बैठने का अपमान-ज्ञान नहीं, पर प्रभा मुझे देखकर अपने आसन पर न रहेगी, इसलिए मैं जाना नहीं चाहती, सिर्फ जेवनार में जाऊँगी, और अलग तुम्हें बगल में बैठाकर भोजन के बाद चली आऊँगी। मुझे स्थिति की पर्यालोचना से समय भी नहीं। हाँ, तुम्हारे लिए जहाँ तक अच्छा होगा, बाजे का प्रबन्ध करा दूँगी, क्यों, उदास क्यों हो।"

"प्रभा आपको छोड़कर महफिल में बैठेगी नहीं। जेवनार में भी नहीं। मैं उससे पूछ लूँ। आप अभी तक उनके सेनापति की स्त्री हैं? तीन-पाँच करें तो लूट मचवा दूँ। मेरा नाम सुन चुकी हैं सब।"

यमुना खिलखिला दी—"हाँ-हाँ, लूट लेना तुम्हारे लिए कौन बड़ी बात है? बहुत रवाँ दाँव, चलता अस्त्र है। क्या कटाक्ष खेलता है आँखों पर! हाँ, कुछ न पहनकर, केवल साड़ी में, सिर्फ नुपूर बाँधकर प्रदर्शन करो। रहना भी तो राजराजेश्वरी की तरह होगा।"

"मैंने भी यही सोचा था दीदी। आपने मन की बात छीन ली।"

इसी समय रानी कमला की दासी आई। प्रणाम कर यमुना से बोली, "युवरानीजी आने की आज्ञा चाहती हैं।"

"ले आओ।"

रानी को सजाई, पूर्ववत् आभरण-भारा प्रभा मन्द-गुंजित-पद आई और नत होकर प्रणाम किया। यमुना ने ठोड़ी स्पर्शकर स्नेह सूचित किया और पलंग पर बैठी देखती-देखती सजल हो गई। आर्द्र कंठ से कहा, "आज अकेली हो?"

प्रभा की भी आँखें छलछला आईं।

नत मुख निश्चला बैठी हुई अपने को सँभालकर बोली, "दीदी, चलो जेवनार के लिए बुलाने आई हूँ। पहले-पहल देवता-पूजन करूँगी, अकेली नहीं कर सकती। महिलाएँ आ गई हैं। मेरा आना उन्हें अस्वाभाविक-सा लगा। आलोचनाएँ भी बहुत अच्छी नहीं। मैं राजराजेश्वरी की आश्रिता हूँ, यह मेरी हीनता बहुत आँखों में मर्यादा ला रही है और जेवनार में मैं तो इन्हें अलग न करूँगी, पर शायद क्षत्राणियाँ पहले से मुझे अलग किए बैठी हैं—अलग ही बैठेंगी।"

"हूँ!" यमुना अत्यन्त गम्भीर होकर द्वार की ओर देखती रही।

विद्या संकुचित होकर जैसे अपने में समा गई। प्रभा एक बार

बादल से बाहर निकल आई।

विद्या को देखती हुई बोली, "मैं समझती हूँ, राजराजेश्वरी का यही वेश ठीक होगा," चिबुक पकड़कर, "शोभने, महत्ता सदा क्षुद्रताओं को अपने भीतर रखती है, तभी वह महत्ता है। चलो, प्रभावती तुम्हारे कारण यहाँ आने में सफल हुई है; चौहान होकर तुम वहाँ इन्हीं से श्रेष्ठत्व प्राप्त करो। देखा जाए, क्या होता है।" आगे-आगे निराभरणा प्रिय-प्रवाहिका यमुना, मध्य में विद्युल्लता विद्या, पीछे नीलांचला साक्षात् प्रभा रनवास को चलीं।

देवी यमुना को देखने के साथ ही समवेत समस्त क्षत्राणियाँ रानी कमला के साथ-साथ किसी अज्ञात प्रेरणा से जैसे उठकर खड़ी हो गईं। रानी ने हाथ पकड़कर अपने सर्वोच्च आसन पर बिठाना चाहा। पर संयत स्वल्प सम्मान रानी के प्रति प्रदर्शित कर यमुना ने कहा, "यह आप ही के योग्य है। हमारे साथ चूँकि चौहान महिला देवी राजराजेश्वरी वर्तमान हैं, इसलिए हमें उन्हीं का उचित सम्मान करना चाहिए। वे अपनी अभिन्न-हृदया सखी देवी प्रभावती के साथ इस आसन पर बैठें।" एक-एक हाथ दोनों का पकड़कर दो कदम बढ़कर यमुना ने छोड़ दिया। दोनों आज्ञा मानकर चुपचाप जाकर बैठ गईं। वहीं एक दूसरे श्रेष्ठ आसन पर रानी की बैठाल सरदारों की महिलाओं के साधारण देवियों में जाकर यमुना ने हँसकर आसन ग्रहण किया। क्षण-मात्र में सभा की भावना बदल गई। एकटक सब एक बार प्रभा और एक बार राजराजेश्वरी को देख रही थीं। क्या शान्ति और क्या तेजस्विता है प्रभा के रूप में! उधर क्या भंगिमा, क्या कला है राजराजेश्वरी की मुखकान्ति में।

पश्चात् एक-एक कर सब महिलाएँ प्रभा से मिलीं, उपहार दिए, रानी मधुर स्वल्प शब्दों में सबका परिचय देती रहीं। इसके बाद देवपूजन-विधि पूरी करने को आईं। ब्राह्मण-देवियाँ प्रदर्शिका हुईं। यमुना ने कहा, "यहाँ देवी राजराजेश्वरी देवी प्रभावती के कुल-देवता का पहले पूजन कर राजवंश को लगे अज्ञात अपराधों की क्षमा-प्रार्थना करेंगी, इसके बाद देवी प्रभावती उनके प्रीत्यर्थ यथारीति पूजन कर कुल-प्रवेश करेंगी।"

ऐसा ही किया गया। विद्या ने अन्तःकरण से देवता से प्रार्थना की, वे राजा महेन्द्रपाल के अपराधों को क्षमा कर दें।

पूजन के पश्चात् जेवनार में विद्या का वही आसन रहा। वह अज्ञातकुल-शीलवाली नहीं। चौहान-जाया होकर प्रभावती के दक्षिण रही। वाम पार्श्व में यमुना स्वयं बैठी। वहाँ प्रभावती यमुना की आज्ञा को मानकर चल रही थी, इसीलिए शान्ति-भंग करने की इच्छा उठने पर भी दबा गई। बाहर समागत पुरुषों का आदर-स्वागत, भोजन-पान चल रहा था, कुलीन ब्राह्मणों के द्वारा उच्च कर्मचारीगण करा रहे थे। सार्वजनिक सभा में प्रभावती के आने की सब लोग उतावली लिए जल्द-जल्द प्राथमिक अंग पूरे कर रहे थे।

राजराजेश्वरी के साथ आए हुए लोग, जो दुर्ग के बाहर पड़ाव डाले पड़े थे, वे सब व्यूह-रचना के अनुसार वहीं रहने के लिए आदिष्ट थे। उनके सरदार भी वहीं थे। उन्हें ऐसी ही आज्ञा थी। समझा दिया गया था कि दुर्ग में राजराजेश्वरी के सम्मान में आनन्द मनाया जा रहा है, वहाँ के लोग उसमें शरीक होंगे। विजय करके लौटने पर उनके लिए वहाँ इनसे भी अच्छा प्रदर्शन किया जाएगा।

यमुना ने पुराने अच्छे कलाविदों के नाम लेकर उन्हें आने के लिए बुलाया। मालूम हुआ कि वे सब आमन्त्रित होकर पहले से आए हुए प्रतीक्षा कर रहे हैं।

पुरुषों की सभा यथाविधि बैठा दी गई। यमुना के निर्देशानुसार महिलाओं को लेकर दासियाँ यथास्थान बैठा आईं। फिर प्रभा को लेकर रानी चलीं। साथ-साथ यमुना और विद्या। पहले के विचारानुसार आसन बड़ा रखवाया गया था। बीच में प्रभा को आगे कर रानी कमला बैठीं, दाहिने राजराजेश्वरी, बाएँ यमुना। दोनों ओर के निरलंकृत सौन्दर्य के बीच आभरणों से जगमगाती प्रभा क्या शोभा दे रही है!—लोगों की दृष्टि बँध रही थी।

दासियाँ आज्ञा की प्रतीक्षा में पीछे खड़ी थीं। एक को बुलाकर यमुना ने कहा, "देवी राजराजेश्वरी के महाराज को देखो, सो रहे हों तो जगा दो, भोजन कराकर यहाँ ब्रह्म-मंडली में बैठा दो। मेरा नाम लेकर कहना कि नाच देखने के लिए जल्द बुलाया है।"

नृत्य-गीत शुरू हो गया। अपूर्वा की अपूर्वा वीर-वनिताएँ पूरी सजकर आई थीं। युवरानी के स्वागतार्थ सबके हृदय में स्नेह उमड़ रहा था, फिर जब अपूर्वा और लालगढ़ पर विपत्ति के बादल छाए हुए थे, वे तेज हवा जैसी दूर के बहती हुई बादलों को उड़ा देने के लिए

आई हैं। आज उनकी प्रसन्नता से प्राप्ति भी अन्य दिनों की अपेक्षा अधिक होगी। वे पूर्ण सम्पन्न हैं। इतना वैभव, इतनी शक्ति लालगढ़ नहीं दर्शित कर सका।

अगरु की सुगन्ध से सभा-मंडप सुवासित हो रहा था। प्राचीन प्रथानुसार रंग-मंच पर नर्तकियाँ जगमगा रही थीं। वीणा और मुरज मिल चुके थे। रानी ने संगीत के श्रीगणेश के लिए आज्ञा दी। प्रवीणा सुन्दरी उठी। कोमल कोयल-कंठ से, अपना ही विरचित स्वागत-गीत गाया। निष्कम्प दृष्टि से देखती हुई, प्रभा ने इंगित से बुलाकर पुरस्कृत किया। इस प्रकार मुरला, मंजरी आदि कई नारियों के नृत्य-गीत हुए। सभास्थ लोगों की पूरी तृप्ति हुई। विद्या स्थिर बैठी हुई तोल रही थी। यमुना रह-रहकर विद्या के व्यक्त मनोभावों को देख लेती थी। इसी समय उत्तर के द्वार से एक सन्तरी ने आकर संवाद दिया, "देवी यमुना से मिलने के लिए उनका अश्वारोही दूत आया हुआ है।" बड़ी उत्कंठा से देवी यमुना ने दूत को आने के लिए कहा, फिर स्वयं प्रभा से उठकर गई। प्रभावती और विद्या की पलकों पर विचार की रेखा खिंच गई। नृत्य-गीत चलता रहा।

यमुना रामसिंह को अपने कक्ष में ले गई। घोड़ा दूसरे सेवक के सुपुर्द कर दिया। रामसिंह का आना ही सफलता सूचित कर रहा था। पर समझकर भी यमुना उतावली न रख सकी। स्नेहार्द्र कंठ से पूछा, "क्यों सफल हुए?"

फिर चरणधूलि लेकर गर्वित मस्तक उठाकर रामसिंह बोला, "हाँ, भाभीजी।"

"कैसा हुआ?"

"मुझे और उल्टा कान्यकुब्ज की ओर चलना पड़ा। मत्त चाल से आ रहे थे हमारे अनुमान तक नहीं पहुँचे। पहुँचकर मैंने पत्र दिया। रानी पद्मावती की मूर्ति देखकर ही सूख गए। पत्र पढ़कर मारे घबराहट के संज्ञा-शून्य हो गए। मुझसे पूछा, 'महेन्द्रपाल के साथ कितने आदमी होंगे?' मैंने कहा, 'सप्त सहस्र, अब दुर्ग टूटता ही है'। न जाने क्यों, आधे सिपाही आपके आने के बाद से धीरे-धीरे निकल गए। मैं गंगा की ओर वाले जीने से उतरकर नाव से होकर गाँव गया, वहाँ से घोड़ा लेकर आया। रानी बेहाल हैं। कहा है, मृत्यु से पहले एक बार दर्शन कर लूँ, बस इतनी ही कामना है।"

यमुना हँसी—"फिर?"

"फिर सारा क्रम बदल गया। मुझसे बोले, "हम जल्द दलमऊ आते हैं। जाओ संवाद दो, चिन्ता न करें, महेन्द्रपाल के दिन अब समाप्त समझें। मारे घबराहट के पत्र नहीं लिख सके। मैंने कहा, अभी उड़ता हूँ।" कहकर अपना रास्ता लिया।"

पूरी मुस्कान हँसकर यमुना ने कहा, "यहाँ का हाल तो मालूम हो गया होगा?"

"हाँ, बाजार में सुना। चारों ओर से पड़ाव देखकर एक राह चलते से पूछा। मालूम हुआ, राजराजेश्वरी की सहायता आई है, अपने आदमी हैं। यह राजराजेश्वरी कौन हैं?"

"तुम्हारी श्रीमतीजी।"

"अच्छा?"

"क्यों। सन्देह हो रहा है?"

"नहीं, मैंने कहा, सब ओर अधिकार रखती हैं।"

"प्रभावती ने उन्हें राजराजेश्वरी बनाया है।"

संक्षेप में यमुना ने सारा हाल कहा, फिर कहा, "अपना हाल किसी से कहना मत, विद्या से भी नहीं, अभी किसी को नहीं मालूम।" फिर सस्नेह भोजन कराकर सभा में चलने के लिए पूछा। रामसिंह तैयार हो गया। सबको देखने की प्रबल उत्सुकता हुई। राजराजेश्वरी के रूप में विद्या गाएगी, नृत्य दिखलाएगी, ये उनकी सफलता में और आनन्दवर्द्धक हुए। उसे लेकर यमुना फिर सभा में आई और एक उत्तम स्थान पर उसे आसीन करा अपने आसन पर बैठ गई।

यमुना ने इस तरह रामसिंह को ले जाकर बैठाया था कि विद्या को न मालूम हो। दूत के नाम से विद्या समझी भी नहीं कि रामसिंह है। यमुना के आते ही प्रभावती से राजराजेश्वरी ने उतरने के लिए कहा। प्रभा ने यमुना की आज्ञा ली। यमुना पूर्ण प्रसन्न थी, कहा, "अवश्य, इनका प्रदर्शन अवश्य रखूँगी। अपनी रुचि के अनुसार गाना नहीं सुना, बहुत दिन हो गए।" प्रभावती ने सासुजी से कहा कि सभा में योग्यजन से यह कहला दें कि अब देवी राजराजेश्वरी इस आनन्द में अपना नृत्यगीत दर्शित करेंगी, उनका परिचय इतना यथेष्ट है कि दुर्ग की रक्षा के लिए आई हुई यह समस्त सेना उन्हीं की है। देवी कमला ने अपने पुरोहितजी को बुलाकर समझा देने के लिए कह

दिया। सभा में उन्होंने घोषणा कर दी।

सुनकर उसी सादे वेश में विद्या उठी, जैसे शुभ्र वस्त्रधारिणी साक्षात् सरस्वती नृत्य-संगीत की मूर्ति में भक्तों को तृप्त करने के लिए जा रही हों। गति-गति खिल रही थी। लोग उस संयत चपला को देख रहे थे, रूप की मोहिनी महिमा से बँधे हुए। प्रशंसा के शब्द भी इधर-उधर से उठ रहे थे—हम लोगों पर देवीजी की बड़ी कृपा हुई, ऐसी ही दृष्टि सदा रहे, हमारी नम्र प्रार्थना है। यमुना ने प्राचीन वाद्यकारों के नाम कहकर मंच पर ले जाने के लिए दासियों को भेज दिया। महाराज ताज्जुब में आकर राजराजेश्वरी को देख रहे थे। रामसिंह अपनाव की पूरी स्वतन्त्रता से खिला हुआ साधना के बाद जैसे सिद्धि को देख रहा हो।

वादकों ने वाद्य लिए। वीणावादक से विद्या ने कहा, विष्णुताल के बोल बजाइए, सामयिक जो रागिनी पसन्द करें उसमें भरकर। वीणा में बोल बजने लगे, मृदंग संगति कर चला, विद्या ने नूपुर बँधवा लिये। यमुना मुस्कुरा रही थी, देखकर दृष्टि से प्रोत्साहन दिया, प्रभा स्तब्ध थी। ताल-ताल पर, भावना में भरी हुई विद्या विष्णु की सृष्टि-रक्षा के भाव को गति, इंगित और भंगिमाओं से स्पष्ट करती हुई रागिनी की मूर्ति बन रही। बड़ी तालों पर नृत्य सहज काम नहीं। समझदार दंग थे। यमुना कलावती की मर्मज्ञता पर तुष्ट। समा बँध गया। रामसिंह नृत्य-गीत का इतना समझदार न था। धोबी बन गया। रानी मन्त्रमुग्ध-सी रह गई। विष्णुताल पर नृत्य समाप्त कर, विद्या ने रुद्रताल पर वैसे ही दूसरे राग में बजाने के लिए कहा जो रुद्ररूप को व्यंजित करे। कुशल वृद्ध वीणावादक बजाने लगे। रुद्र का प्रलयंकर रूप ध्यान में लाकर विद्या तांडव-नृत्य करने लगी। एक-एक गहन अभिव्यक्ति उच्छ्वसित सागर-तरंग-सी उठने लगी। विनाश का निर्मम भाव प्रति स्थिति भंग से व्यक्त हो चला, जैसे सत्य-सत्य नटराज नारी से बँधकर प्रकट हो गए। मुहुः स्पन्दित हृदय यमुना उठकर खड़ी हो गई। आज पहले-पहल यमुना की दृष्टि में आश्चर्य मुद्रित हुआ। उसके राजराजेश्वरी होने में जो शंका महाराज को थी, वह दूर हो गई, इतना ही वे समझे।

नृत्य समाप्त कर, कुछ क्षण विश्राम करने के लिए विद्या बैठी। स्तुति शब्द से सभा गूँजने लगी। यमुना ने हार्दिक धन्यवाद देकर

कहला भेजा कि अधिक परिश्रम की आवश्यकता नहीं, लास्य का एक अच्छा उदाहरण देकर नृत्य समाप्त कर देना ठीक होगा, गीत दो-एक स्वल्प बाद को नृत्य सम्बद्ध हो जाएँ। दूसरी दासी के हाथ प्रशंसा में पान भेजे। विद्या को लास्य के लिए ताम्बूल रक्ताधरा होने की जरूरत थी। कुछ थक भी गई थी। पान से गला सिंच रहा था। यमुना की मर्मज्ञता पर बहुत प्रसन्न हुई।

स्वस्थ होकर, तीन ताल की चीजें बजाने के लिए कहकर उठी। सौन्दर्य की भावना में रँगकर स्वप्न की ज्योतिर्मयी प्रेयसी बनी हुई तारक-तरल दृष्टि से सभा को एक बार देखा। मुख, भौंह, आँख, हाथ, पैर की प्रतिगति बदलकर सुन्दर बन गई, पार्थिव आकर्षणों में सर्वश्रेष्ठ उठते पैर के साथ मालूम हो रहा था, साकार सुरभि समीर पर चल रही है। देह किरण से हँसती। एक-एक आवर्त में सारी सभा निछावर हो रही थी। क्या तैयारी, क्या ड्योढ़, क्या तेहरी, क्या छल, पलकें बँध गईं। लास्य समाप्त कर विद्या ने यमुना की आज्ञा के अनुसार नृत्य के बँधे वैसे ही तीन तालों में भिन्न-भिन्न रागिनियों के गीत गाए, और अपार प्रशंसा पर चरण रखती हुई, वैसे ही बँधे नूपुरों से अपने आसन पर आकर बैठी। गहरी पहचान की मधुर मुस्कान से प्रभावती ने सम्वर्धित किया, सेविका नूपुर खोलकर दे आई।

औरों के गाने होने लगे। कुछ देर बाद यमुना विद्या को लेकर चली गई। कर्त्तव्य-वश प्रभावती बैठी रही। विद्या से रामसिंह के आने का हाल कहकर कक्ष में प्रतीक्षा करने के लिए कहा, और समझा दिया कि महाराज की द्विविधा मधुरता से दूर कर देना अच्छा होगा, फिर महाराज को बुला देने के लिए कहकर अपने कक्ष में चली गई

महाराज सीधे विद्या के अर्थात् अपने कमरे में गए। प्रदीप जल रहा था। उसके प्रकाश को मन्द करती हुई अपने नृत्य के छन्द की तरह विद्या बैठी थी। सम्मान की दृष्टि से महाराज ने देखा। विद्या उठी। अपनी स्वाभाविक चाल से महाराज के पास जा पैरों पर सिर रखा, कहा, "महाराज ब्राह्मण तो दया की मूर्ति होते हैं, आप मुझे क्षमा कीजिए!"

"क्या हुआ?" महाराज आश्चर्य में भरकर बोले।

"मैंने तुमसे छल किया है, पर उस समय वही उपाय था।"

"क्या छल?"

"मैं ब्याही हुई हूँ, शत्रुओं के हाथ से मुक्ति पाने के लिए तुम्हारा सहारा लिया था।"

महाराज ने सम्मान की दृष्टि से देखा, फिर सिर झुकाए हुए यमुना के कक्ष में चले गए।

तैंतीस

राजा महेश्वरसिंह दलमऊ पहुँचने के लिए रवाना हुए। उन्होंने सरदारों को रानी पद्मावती की पत्रिका दिखलाई, कहा कि सती रानी बराबर अपने हाथ से अपना चित्र खींचकर उन्हें पत्र लिखती थीं; सामयिक मनोभाव सामने मुकुर रखकर खींचे चित्र में पत्र की शब्दावली के साथ मिला देती थीं। यह पत्र किसी दूसरे का लिखा हुआ नहीं, नीच महेन्द्रपाल को पकड़कर जल्द लालगढ़ लूटेंगे, इस प्रकार एक-दो काज होंगे, महेन्द्रपाल को महाराजाधिराज के सामने पकड़ ले जाने पर जो निष्कर भूमि पुरस्कार-स्वरूप मिलेगी, वह सरदारों में बराबर बाँट देंगे, अगर महेन्द्रपाल भग गया तो भी उसे यह पता नहीं लगा होगा कि हम लालगढ़ के लिए रवाना हुए हैं, वह यही समझेगा कि संवाद पाकर हम दलमऊ के लिए ही कान्यकुब्ज से चले हैं। इसलिए वह लालगढ़ के कीमती सामान उठा न ले जाएगा, जो कुछ उसे लेना रहा होगा, वह ले चुका होगा। इतना समझाने पर भी सरदारों ने आज्ञा के खिलाफ सलाह न दी। उन्होंने कहा कि राजाज्ञा को शिरोधार्य न करने पर अपराध पुरस्कार से गुरुतर होगा। पर राजा महेश्वर को अपनी

लगी बुझानी थी। उन्होंने और भी कहा कि कहेंगे कि लालगढ़ में ही महेन्द्रपाल को कैद किया है, पर फिर भी सरदारों की ताल न हुई। आखिर महेन्द्रसिंह ने विशेषाधिकार का प्रयोग किया। सरदार और सेना विवश होकर साथ चली। रास्तेभर किसी तरह धैर्य रहा, पर ज्यों-ज्यों नजदीक होते गए और महेश्वरसिंह अधिक सतर्क करते गए और क्रमशः किले तक कहीं कुछ न मिला, त्यों-त्यों सरदार और सेना के तेवर बदले। प्रकट कुछ न कहा, पर आपस में सलाह कर सरदारों ने उसी वक्त दो अश्वारोही महेश्वरसिंह के कर्त्तव्य के संवाद देने के लिए कान्यकुब्ज भेज दिए। महेश्वरसिंह को इसका पता न हुआ, वे लज्जित होकर सरदारों से कुछ देर के लिए विदा होकर दुर्ग के भीतर गए।

महाराज शिवस्वरूप रानी को पत्र देकर लौट आए थे। रानी बैठी विचार कर रही थी कि दासी ने महाराज के आने की खबर दी। रानी उठकर खिन्न स्वागत कर पति को कक्ष में ले गई। राजा महेश्वरसिंह आग हो रहे थे। नाराज बैठते हुए पत्र बढ़ाते हुए कहा, "यह क्या लिखा है?"

"यह?" आश्चर्य से पत्र लेती हुई, "यह मैंने नहीं लिखा!" पढ़कर "यह क्या रहस्य है?"

"तुमने नहीं लिखा?"

"न, यहाँ ऐसी कोई बात हुई है? मैं क्यों लिखने लगी?"

"अब निस्तार नहीं!" राजा महेश्वरसिंह मस्तक पर हाथ रखकर अर्द्धशयान हो गए।

"क्यों?" शंका और आवेग से उच्छ्वसित होकर रानी ने प्रश्न किया।

राजा महेश्वरसिंह उतरे गले से सारा हाल संक्षेप में कहने लगे।

"तो यह प्रभा का किया छल होगा। एक पत्र मेरे पास आया है। देखो।" रानी ने वह पत्र निकालकर राजा को दिया। लिखा था :

रानी प्रभावती को मणिपुर की राजकुमारी त्रियामा का यथोचित।

देवी,

आप मेरी मातृतुल्या हैं। मैं ही आपके वहाँ दासी यमुना के रूप में रह चुकी हूँ। मेरे अपर समाचार जो मेरे राजकुमारी-जीवन से विवाह के अन्त तक हैं, आपको विदित हैं। इसलिए मेरा दासी बनकर रहने

का अर्थ आपको सब अनायास ज्ञात हो जाएगा। मैं प्रभा की दासी होकर भी उसे छोटी बहन समझती थी। मुझे न जानती हुई भी प्रभा मेरे आदर्श में ढल रही थी और एक दिन पूरी-पूरी ढल गई। मैं बराबर उसके साथ थी। राजकुमार देव को सच्चे हृदय से उसने वरण किया। इसके बाद की घटना आपको मालूम है। फिर कान्यकुब्ज तक मैं उसके साथ रही। रास्ते में मेरे बड़े भाई बलवन्त को उसी ने घायल किया। जहाँ पिता स्वयं विरोधी थे, वहाँ न्याय की आशा उसने छोड़ दी। अब राजराजेश्वरी नाम की एक प्रबल पराक्रमवाली स्त्री से उसका सखी-भाव स्थापित हो गया है। कान्यकुब्जेश्वर का कर लूटकर इस समय लालगढ़ दुर्ग पर वह अधिकार किए हुए हैं। यदि उसके पिता अपने अपराध के लिए उससे तीन दिन के भीतर क्षमा-प्रार्थना न करेंगे तो वह दलमऊ दुर्ग को लूटने के लिए चौथे दिन यहाँ से प्रस्थान करेगी। उसके साथ अभी केवल पच्चीस सहस्र शिक्षित सेना है, लूटा हुआ तथा लालगढ़ का कोष भी। उसकी वश्यता स्वीकार करने पर उसके पिता को कान्यकुब्जेश्वर का भय न रहेगा, कारण वह कान्यकुब्जेश्वर को सत्यमार्ग पर आने पर बाध्य करेगी। इस समय मणिपुर भी एक प्रकार उसी के अधिकार में है। बलवन्त वहाँ प्रवेश नहीं पा सकते। मेरे नाम से मेरी छोटी बहन रत्नावली ने सिपाहियों को उभाड़कर अपनी तरफ कर लिया है। निरपराध राजकुमार को कान्यकुब्ज के षड्यन्त्र से निर्वासन-दंड मिला, यह अन्याय रत्नावली के लिए असह्य हुआ, उसने राजकुमार को रोक रखा।''

नमिता कन्या

'त्रियामा'

पढ़कर महेश्वरसिंह स्तब्ध रह गए। अत्यन्त भय हुआ था, अब बचने का अंकुर उगा हुआ देख पड़ा। पत्नी से बोले, ''बड़ी भूल हुई।''

''किसलिए?''

''इसलिए कि सत्य छोड़कर असत्य-पक्ष ग्रहण किया। अपनी कन्या, उसके सुख का विचार न किया!''

रानी रोने लगी।

कुछ देर तक दोनों मौन रहे। एक दासी ने आकर कहा कि सरदार किसुनसिंह मिलना चाहते हैं।

सरदार किसुनसिंह कान्यकुब्ज से आए थे। राजा महेश्वरसिंह ने रानी से आने का संक्षिप्त वृत्तान्त कहा : फिर जोश में आकर बोले, ''अपने ही हाथों अपनी कन्या का भविष्य बिगाड़ा है, अब उन्हीं से क्षमा प्रार्थना भी करूँगा।''

रानी पद्मावती की सजल आँखों के भीतर से मर्मभरी बिजली झलक आई। बोली, ''अवश्य कीजिए। गिरे पिता को उठानेवाली पुत्री क्षमा करने के लिए ही तो आती है?''

राजा महेश्वरसिंह बाहर आए। सरदार क्रुद्ध खड़ा था। उसे देखकर महेश्वरसिंह बोले, ''अच्छा हुआ कि हम लोग यहाँ चले आए, वहाँ राज-राजेश्वरी की पंचविंश सहस्र सेना पड़ाव डाले हुए हैं। दुर्ग पर भी उसी का अधिकार है। कान्यकुब्ज का कोष उसी ने लूटा है। बात दूसरी तरह सत्य हुई। व्यर्थ सैन्यक्षय होता। तुम लोग कान्यकुब्ज लौट जाओ। मैं महाराजाधिराज को सूचित करता हूँ।''

सरदार लौट गया।

महेश्वरसिंह पत्र लिखने बैठे।

चौंतीस

कान्यकुब्ज में एक ही सप्ताह के भीतर खलबली मच गई। मनवा से कुमारी रत्नावली के पत्र के साथ प्रमाण में भेजा हुआ वह भिक्षुक आया, जिससे कुमारी प्रभावती के साथ कुमारदेव के विवाह का प्रमाण पेश हुआ। राजा महेन्द्रपाल और कुमारदेव की निर्दोषिता बतलाई गई, और सबसे आवश्यक अंश सुधार के लिए महाराज के पास यह आया कि इच्छा के न रहते हुए भी मनवा की कुमारी रत्नावली को राजा बलवन्तसिंह को प्रश्रय देने के कारण महाराजाधिराज का विरोध भी स्वीकृत होगा यदि उन्होंने समुचित न्याय न किया।

इसके बाद लालगढ़ लूटने के लिए जानेवाली सेना का वापस जाना एक दूसरी उलझन का कारण हुआ। इससे कुमारदेव और राजा महेन्द्रपाल पर हुआ सन्देह अधिक अंश में घट गया। राजा महेश्वरसिंह का धोखा खाना और राजराजेश्वरी नाम की किसी डाकुओं की नायिका का राज-कर लूटना, पश्चात् प्रभावती को आश्रय देकर लालगढ़ पर अधिकार करना ज्ञात हुआ।

फिर राजा महेन्द्रपाल का पत्र देवी त्रियामा के पत्र के साथ जो उन्होंने रानी पद्मावती को लिखा था, महाराजाधिराज को प्राप्त हुआ। इससे सन्देह पूर्णमात्रा में दूर हो गया। बल्कि समस्या उलझनदार हो गई। इन तीन प्रधान सरदारों के परस्पर मिलने की शंका खड़ी हो गई। इन्हें दबाने के उद्योग से राजसूय के अनुष्ठान को पहले दबाना होता था। पुनः केवल बलवन्तसिंह को लेकर कान्यकुब्जेश्वर न रह सकते थे। बलवन्त का अन्याय भी प्रत्यक्ष हो रहा था।

इसी समय लालगढ़ से राजराजेश्वरी का पत्र प्राप्त हुआ। उससे परिस्थिति और परिष्कृत हो गई। लिखा था, कान्यकुब्ज की गिरती व्यवस्था को देखकर प्रजा के कष्ट निवारणार्थ राजराजेश्वरी ने उस शक्ति के विरुद्ध सिर उठाया। उसी ने दलमऊ से भेजे हुए राजा बलवन्तसिंह और राजा महेश्वरसिंह के पत्र पकड़े। फिर उसने नर्तकी सिन्ध को मिलाकर छिगुनियाँ धोबी को फँसाया। ये पत्र राजा महेन्द्रपाल पर जाली आक्षेप लिए हुए थे। भीतरी उद्देश्य महेन्द्रपाल और कुमारदेव को देवी त्रियामा के मामले में भ्रम-धारणा के कारण नीचा दिखाना था। देवी त्रियामा, यमुना नाम से प्रसिद्ध बलवन्तसिंह की बहन विपत्ति की मारी इधर-उधर भटकती हुई, यमुना नाम से, दलमऊ दुर्गाधिपति के यहाँ दासी के रूप से रहती थीं। इस विवाह की वे साक्षी हैं। नाव पर अपनी इच्छा से कुमारी प्रभावती देवी त्रियामा की सहायता से कुमारदेव को ले गई थीं। उसी रात उनका वहाँ, गंगा-तट पर, विवाह हुआ था। फिर पिता को बलवन्त के साथ आते हुए देखकर वे गंगा में कूद गई थीं। देवी त्रियामा भी उनकी रक्षा के लिए कूदीं। राजा महेश्वरसिंह स्वार्थवश विवाहित बलवन्त से अपनी कन्या का विवाह कर रहे थे, यह कुमारी प्रभावती को स्वीकृत न था। नाव की सज्जा देखकर आरोहियों के नाम मालूम कर बलवन्त समझ गए, विवाह हो गया। इसी पर उन्हें क्रोध आया और कुमारदेव को उन्होंने घायल किया, और लालगढ़ के सम्बन्ध में जाल फैलाया। पति के मिलने के उद्देश्य से मनवा जाती हुई प्रभावती ने शिकायत के लिए कान्यकुब्ज जल्द आते हुए बलवन्त को घायल कर पति के घायल करने का बदला लिया। बलवन्त केवल षड्यन्त्र की जड़ को दृढ़ करने के लिए कान्यकुब्ज

को चले थे। अन्यथा साथ कर लेकर जाते। इसका एक कारण और है। मनवा से उन्होंने कान्यकुब्जेश्वर को प्रसन्न करने के लिए ही कर भेजा था। उसके साथ एक पत्र भी उन्होंने भेजा था, जिसमें अपना पक्ष समर्थन किया था। वह पत्र-वाहक से छिनवा लिया गया। वह भी साथ जाता है। प्रभावती को निराश्रय जानकर राजराजेश्वरी ने पक्ष लिया। कान्यकुब्ज की सारी खबरें उसे मालूम होती रहती हैं। संवाद पाकर उसने कर लूटने के पश्चात् लालगढ़ दुर्ग पर अधिकार किया और कान्यकुब्जेश्वर की सेना को धोखे से दलमऊ भेजने को बाध्य किया। अब राजा महेन्द्रपाल और कुमारदेव की दंडाज्ञा यदि न बदली, उन्हें उनके अधिकार न दिए गए, तो वह कान्यकुब्जेश्वर की शक्ति का सामना भी करेगी। राजेश्वर की व्यवस्था ठीक रही तो वह दुर्ग का अधिकार कान्यकुब्जेश्वर के अधीन राजा महेन्द्रपाल के लिए छोड़कर अरण्य की ही रानी रहना स्वीकार करेगी।

ऐसी स्थिति के सुधार के लिए कान्यकुब्जेश्वर की इच्छा में उनके मन्त्रियों ने पहलीवाली आज्ञाओं को वापस लेने की ही सलाह दी। कल्याण इसी में था। नहीं तो अनुष्ठान बिगड़ रहा था। आज्ञा हुई, राजा महेन्द्रपाल की निर्दोषता के प्रमाण मिलने के कारण उन्हें मुक्ति के साथ उनके समस्त अधिकार दिए गए, कुमारदेव भी यथाक्रम पिता के उत्तराधिकारी हुए, वे कुमारी प्रभावती के मनोनीत पति हैं। सप्ताह-काल में ही पिता-पुत्र कान्यकुब्ज में उपस्थित होकर अपने उच्च आसनों को अलंकृत करें। राजा बलवन्तसिंह दो वर्ष तक मनवा-दुर्ग में प्रवेश न कर सकेंगे, कुमारी रत्नावली की योग्यता से कान्यकुब्जेश्वर की प्रीति हुई, वे दो वर्ष तक कार्य-संचालन कर अपनी योग्यता का प्रमाण दें, राजा महेश्वरसिंह वास्तव में निर्दोष हैं, वे पूर्ववत् अपने अधिकारों के साथ कान्यकुब्ज में उपस्थित हों।

भीतर-भीतर कान्यकुब्जेश्वर राजराजेश्वरी पर उसकी स्पर्द्धा के कारण जलकर रह गए। घोषणा प्रचारित हो गई। छिपे हुए राजा महेन्द्रपाल खुलकर कान्यकुब्ज पहुँचे। वहाँ सब हाल मालूम कर कान्यकुब्जेश्वर से राजराजेश्वरी को पकड़ा देने की प्रतिज्ञा की।

कुमारदेव समस्त समाचार मालूम कर सीधे लालगढ़ पहुँचे। उस समय वहाँ से सारा ठाट उखड़ चुका था। केवल महाराज शिवस्वरूप मिले, कहा कि उन्हें दलमऊ जाने की आज्ञा हुई है, और जो कुछ उन्होंने कहा, वह कुमार की समझ में आकर भी न आया। फिर माता के पास गए। वहाँ का हुआ जो हाल उन्हें मालूम था, कहा; बहू की प्रशंसा की। कहा कि कह गई, बहुत जल्द तुम्हारी बहू मिलेगी।

पैंतीस

सारी परिस्थिति सुधर गई, दिवस के बाद की शान्त सन्ध्या की गौरी उदास स्वरों से यमुना के प्राणों में बजने लगी, जैसे कर्मों के भार से श्रान्त हो चिर-विश्राम चाहती है; आज तक जिस सफलता से होकर आई, वह साधन के भीतर उसे क्षुब्ध किए हुए थी, उसका वह फल उसके सुखभोग के योग्य नहीं, वह उससे भी दूर किसी अदृश्य, अस्पृश्य, अज्ञात तत्त्व में, लोक-लोचनों में अन्धकार द्वारा ढँके हुए दिन की तरह छिप जाना चाहती है : यह चिर-विदा ही उसकी दृष्टि में शान्ति के रूप से है।

प्रभावती में दीदी के प्रति अचल श्रद्धा रहती हुई भी भेद का अंकुर उग चला था। वह कुछ मधुर था, कुछ तीव्र। इसीलिए लालगढ़ की लटवाली परिस्थिति का जिक्र दूसरे दिन उसने दीदी से किया तो, पर रक्षा के लिए स्वयं तैयार रहने का प्रदर्शन कर कोई उपाय न पूछा, उसने अन्य उपाय की चिन्ता भी नहीं की। दुर्बल पिता को लड़कर परास्त करने की ही सोची थी। यमुना इस भाव-परिवर्तन को समझकर मुस्कुराती रही कि प्रभा अब अपने साफल्य का चित्र आप

तैयार कर लेती है। अपेक्षित समय में जब कान्यकुब्ज की सेना न आई, दो दिन और हो गए, तब उकताकर दीदी से प्रभा परामर्श करने गई। यमुना ने बहका दिया। महाराज के हाथ भेजी गई चिट्ठी का हाल पूछने पर बहका दिया। कहा कि बेचारा ब्राह्मण मारा-मारा फिरता है, वह निर्दोष है, उसे घर रहने की आज्ञा हो जाए और सताया न जाए, इस भाव का एक पत्र उसने देवी पद्मावती को लिखा है, साथ अपना परिचय भी और यह कि प्रभा ने स्वेछा से कुमारदेव को अपना पति निर्वाचित किया है, इसकी वह साक्षी है। चिट्ठी देकर महाराज को लौट आने के लिए कह दिया है; आज्ञा आ जाने पर जाएँगे।

इसी समय राजराजेश्वरी के नाम राजा महेश्वरसिंह का पत्र आया। वे उसके साथ हैं, उनकी एकमात्र सुशील कन्या की बाँह गहकर उसने सदा के लिए पिता को बाँध लिया है, पहले उसके विवाह के सम्बन्ध में जो भ्रम उन्हें था, वह अब दूर हो गया, वे लालगढ़ लूटने के लिए जा रहे थे, राह से इस गलती का जो प्रमाण उन्हें मिला, इसके लिए वे कृतज्ञ हैं; अब कन्या के और उसके पक्ष में यदि कान्यकुब्जेश्वर की कृपा छोड़नी पड़े तो यह भी उन्हें स्वीकृत है। वे अपने कृत्यों की उससे और पुत्री से क्षमा चाहते हैं, कान्यकुब्ज की सेना वापस गई।

पत्र ऐसा था कि उसमें न तो यमुना के पत्र का उल्लेख था, न लालगढ़ आते हुए दलमऊ लौट जाने का खुला कारण। प्रभावती इसका भीतरी भेद न समझ पाई। उसने दीदी को पत्र दिखाकर कहा कि अब कान्यकुब्जेश्वर को दबाकर पत्र लिखना चाहिए; मनवा अपनी तरफ है। दलमऊ भी आ गया, परिस्थिति ऐसी है कि कान्यकुब्जेश्वर विरोध न करेंगे। सत्य विचार के लिए बाध्य होंगे। यमुना ने कहा, हाँ ठीक है, लिखो। विनीत दृष्टि से प्रभा ने निवेदन किया कि शब्दावली यमुना कहती जाए, वह लिख ले। यमुना ने वैसा ही किया।

न्याय प्रकट हो जाने पर रामसिंह को यमुना ने राजा महेश्वरसिंह को फेरनेवाली घटना सिन्धु से कहकर बोझ हल्का कर लेने की आज्ञा दी। इस तरह प्रभावती को भी रहस्य मालूम हुआ। लज्जित होकर एक बार फिर दीदी से उसने क्षमा-प्रार्थना की और दीदी से सीखने

के लिए बहुत कुछ है कहकर वश्यता प्रकट की।

न्याय-फल प्रचारित हो जाने पर प्रभा ने यथेष्ट धन देकर महाराज को बिदा किया। साथ के सिपाहियों को भी दूना पुरस्कार दिया और धीरे-धीरे हट जाने की आज्ञा दी। पहले के चूने हुए सिपाही रह गए। विद्या को लेकर जाने के लिए रामसिंह से भी कहा; पर उसने प्रभा के उद्देश्य पर ही जीवन व्यतीत करने की इच्छा जाहिर की, कहा कि राजराजेश्वरी को अब विद्या या सिन्धु के रूप में उतारना वह उसका अपमान समझता है, वह जिस जीवन को अपनी पूजा के योग्य मानता है, यह राजराजेश्वरी का वही जीवन है। इसी की छाँह में वह शीतल रहेगा। प्रभा ने रामसिंह को राजराजेश्वरी की सेना का सेनापति बनाया। फिर विशृंखल होकर, एक-एक, दो-दो करके, सब संकेत-स्थल के लिए रवाना हो गए। प्रभा ने सासजी के चरण स्पर्श कर उनकी बहू बहुत जल्द मिलेगी, कहकर बिदा ली और दीदी के साथ नैमिषारण्य आई।

यहाँ दीदी को कई बार गुरु से बातें करते हुए सुना। जिनकी कभी-कभी प्रशंसा सुनी थी, उन्हें प्रत्यक्ष देखा। उनकी पुष्ट देह की शान्त दृष्टि के सामने अपने आप प्रभा का मन नत हो गया। बातों से भक्ति ने प्रगाढ़ भाव धारण किया। गुरु की कृपा योग्य शिष्य-शिष्या पर क्या रूप धारण करती है, दीदी से अनेक प्रमाण वह प्राप्त कर चुकी है। उसे सबसे अधिक आश्चर्य उस दिन हुआ, जब यमुना ने गुरु से शान्तिपूर्ण जीवन व्यतीत करने की आज्ञा माँगी और गुरु के यह कहने पर कि संचित क्षत्रितेज को धारण करने की आवश्यकता है, इसलिए राजकुमार को भिक्षालब्ध भोजन उचित न होगा—ऐसे वह गुरु के आश्रम में रह सकती है, उसने कहा था कि मेरी सखी स्वामिनी प्रभा के कुछ अलंकार गंगातट पर गाड़े हुए हैं उनसे पति के साथ उसके अन्तिम दिन बिना भिक्षाभ्रमण के कट जाएँगे। सुधार न चल सका, कहकर गुरु हँसे। फिर कहा, ज्ञान के कोष में कितना है, उसका पूरा पता नहीं चलता, इसलिए अपनी सोची हुई कुछ क्षण के लिए पूरी हुई देख पड़ने पर भी वह अपूर्ण रह जाती है, उसका रूप ज्ञान में ही कुछ देख पड़ता है। अच्छा है, यहाँ से एक दूसरा अनुभव होगा कि स्थान से भी सब स्थानों में सुधार किस प्रकार होता है। और एक सुधार कभी-कभी कितने सहस्राब्दियों

की अपेक्षा में रहता है।

नत हो प्रभा ने मन्त्र के लिए प्रार्थना की। तीन दिन तक निष्ठापूर्वक रहने के बाद आने की गुरु ने आज्ञा दी।

समय पूरा कर प्रभा गई। गुरु ने कहा, तुम्हारे लिए मन्त्र की आवश्यकता क्या? तुम तो स्वयं उत्तीर्ण हो, तुम्हारा उद्देश्य सफल है, तुम्हारी विशुद्धता अपनाने के लिए पंडिता त्रियामा तपस्या करे। देवी, इसी रूप से मैं मिलूँ!

प्रभा मन्त्रमुग्ध मौन मिलती ध्वनित निःस्पन्द खड़ी रही। गुरु की आँखों से अविरल अश्रुधारा बह चली। वह क्या देख रहे थे न समझी। उनकी वह दर्शन-मुद्रा हृदय में अंकित हो गई। मन नई स्फूर्ति से उमड़ आया।

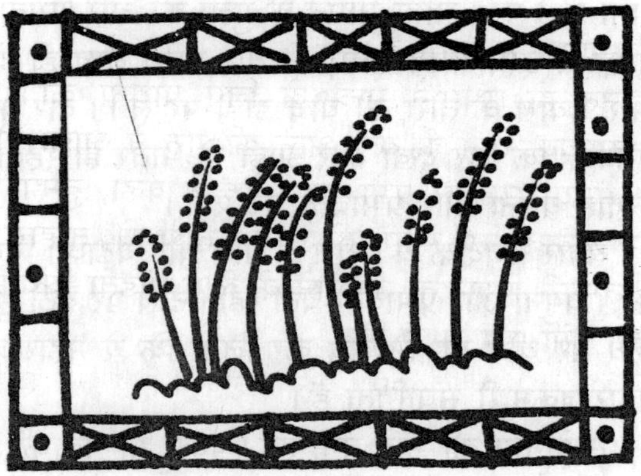

छत्तीस

दिन का तीसरा पहर है। गोमती धीरे-धीरे बह रही है। सामने वन की हरियाली दूर तक फैली हुई और जगह-जगह झाड़, छोटे-बड़े पेड़, ढाक और जंगली वृक्षों का वन। चिड़ियाँ एक प्रान्त से दूसरे प्रान्त को पार करती हुई। मधुर-मधुर हवा संसार के स्थावर और जंगम सभी को हृदय से लगाकर शान्त करती थी। सूर्य की स्वर्गीय किरणें सुनहली दृष्टि से विश्व के प्रतिचित्र को देखती हुई गोमती के किनारे एक टीले पर यमुना और प्रभावती बैठी हुईं मन्द स्वर से वार्त्तालाप कर रही हैं, आँखों की चितवन जैसे किसी की प्रतीक्षा के रहस्य में चंचल है। वीरसिंह जिस मुहूर्त तक बैठने के लिए कह गए हैं, वह पार हो चुका है। डरे हुए पशु कभी-कभी उधर से निकल जाते हैं।

"वह आ रहे हैं!" यमुना सजग होकर बोली और तीर-कमान सँभालने लगी।

प्रभावती ने भी कन्धे से कमान उतार ली, तीर जोड़ा। सवारों को देखती रही।

सवार एक बगल से निकले। उनके सामने शिकार था—एक चीता

दोनों घोड़े पर। चीता सामने के गुल्म की ओर भगता हुआ। टीले की बगल से इसी समय सवारों ने तीर मारे। साथ ही दो तीर और छूटे, और सवारों के तीरों की बीच डाँड़ी पर लगे। वार कट गए। चीते ने घूमकर एक बार देखा और झाड़ी के भीतर हो रहा। सवारों की तेज निगाह यमुना और प्रभावती पर पड़ी।

सवार नजदीक थे। टीले के पास घोड़े बढ़ाए। बिलकुल सामने आ गए। यमुना और प्रभावती बैठी रहीं। टीले पर बैठी हुई सवारों से कुछ ऊँचे पर थीं। यह निश्चय कर लिया कि ये महाराज पृथ्वीराज और महाराजकुमारी संयोगिता हैं।

संयोगिता की भौंहें तनी हुईं। पृथ्वी भी गर्व की दृष्टि से देख रहे थे। यमुना और प्रभा की चितवन शान्त, जैसे कोई घटना नहीं घटी।

"तीर क्यों काटे?" हीन समझनेवाली निगाह से देखती हुई संयोगिता ने पूछा।

यमुना ने प्रभा को मौका दिया। उसके कुछ क्षण के मौन ने प्रभावती को समझा दिया कि उत्तर उसी को देना है। सोचकर प्रभावती बोली, "इसीलिए कि यह ऋषिभूमि है, यहाँ लोग भक्ति की भावना से आते हैं।"

"हमें तुम्हारी शिक्षा की जरूरत नहीं, तुम्हें मालूम हो।" और तेज गले से कहा।

"तुम्हारा या किसी का भ्रम-शोधन कर देना यहाँ हर एक का काम है।" बैठी हुई वैसी ही निर्भयता से प्रभावती ने कहा।

"तुम्हें मालूम है—मैं कौन हूँ।" कहती हुई संयोगिता अपमानित होने के भाव से क्षुब्ध हो गई।

"यह तो तुम्हीं को मालूम न होगा; तुम्हारी किसी भी उपाधि को ऋषिभूमि के लोग उपाधिमात्र समझेंगे।" और शान्त होकर प्रभा बोली।

"तो फिर उपाधि का प्रयत्न किया जाए?" प्रखर दृष्टि से देखती हुई संयोगिता बोली।

"क्यों कसर रहे? तभी तुम्हें भी मालूम होगा।" हँसकर प्रभावती ने उत्तर दिया। यमुना स्थिर खड़ी देखती रही।

"तकरार अच्छी नहीं। इनके भाव में क्रोध नहीं।" पृथ्वी ने संयोगिता से कहा।

संयोगिता ने व्यक्तित्व और प्रतिभा समझी। बातचीत करने के विचार से घोड़े से उतर पड़ी। पृथ्वी भी उतरे। दोनों टीले पर चढ़ने लगे। घोड़े यथास्थान खड़े रहे। पास आने पर दोनों ने उठकर बैठाया। फिर पूर्ववत् बैठ गई।

''यह वन मेरा है, और तुम मेरी ही जगह मुझसे छेड़ कर रही हो।'' कुछ संयत होकर संयोगिता बोली, ''तुम स्त्री हो नहीं तो।''

''नहीं तो आज ही तुम्हारा हरण होता,'' कहकर प्रभा मुस्कुराई।

''यानी?'' संयोगिता खड़ी हो गई।

और सब भी खड़े हो गए।—''यानी मैं तुम्हारे लिए क्षत्रियत्व का पूरा परिचय देती।''

''तुम जानते हो—मैं कौन हूँ?''

''सम्भव, पर तुम भी जानती हो?''

''नहीं, कौन हो तुम?''

''राजराजेश्वरी।''

''डाकू?''

''नहीं, महाराजाधिराज कहलानेवाले राठौरपति का कर लूटनेवाली, उनसे स्पर्धा रखनेवाली, तुम्हें मालूम हो कि तुम्हारी सारी मर्यादा इस समय मेरे हाथ में है।'' पृथ्वीराज का तलवार के कब्जे में हाथ गया कि तुरन्त यमुना बोली, ''बहुत विचार कर, चौहानपति!—यह सिरसागढ़ नहीं है कि एक मलखान को आप बहुतों ने घेरा है। दिल्ली पहुँचना दूभर हो जाएगा। आपके साथी नहीं आ रहे। हमारे तो बहुत निकट हैं। इंगित पर टूटेंगे। विहार के विचार से आपने अपने सिपाहियों का इधर आना रोक दिया है—कुछ सरदारों से गुप्तरूप कहकर और मैं अकेली भी आपकी स्पर्धा से नहीं डरती। पर मानती हूँ कि आप वीर हैं। वीर की मर्यादा नष्ट न कीजिएगा।''

पृथ्वी की मुट्ठी कब्जे में ढीली पड़ गई। यदि पृथ्वी बन्द हो गए तो सारी बात बिगड़ जाएगी, सोचकर संयोगिता घबराई। प्रभा से बोली, ''मैंने त्रुटि की। मुझे अपनी स्थिति के भाव ने धोखा दिया। मैं क्षमा चाहती हूँ।''

''किसके लिए?'' हँसकर प्रभा बोली, ''कुमारी, तीर कटवाने के अपराध के लिए या पृथ्वीराज के साथ विहार करने की त्रुटि के लिए?''

संयोगिता लज्जा से नत हो गई, बोली, "हमारी श्रेष्ठता सेना के कारण है। यों एक व्यक्ति एक ही व्यक्ति के बराबर है। मैंने शिकार को तीर मारा। जिस तरह शिकार मेरा लक्ष्य था, उसी तरह मेरा तीर दूसरे का लक्ष्य हो सकता है।"

"और सूक्ष्म," पृथ्वीराज बोले।

"और बाण-विद्या-विशारद चौहानपति को इस प्रकार अपना लक्ष्यवेध सिद्ध कर दिखाना भी किसी के लिए अनुचित नहीं कहा जा सकता।" प्रभावती बोली।

पृथ्वीराज को प्रसन्नता हुई। संयोगिता भी सम्मान-प्राप्ति से संकोच रहित हो गई। बोली, "मैंने 'तुम' का प्रयोग अपनी श्रेष्ठता पर विचार कर किया था। यह भी मेरा भ्रम था। प्रसंग भी वैसा ही पड़ गया। अब मैं सत्य-सत्य सखी-भाव से 'तुम' कहूँगी। तुम 'डाकू' हो, यह न जाने क्यों अच्छा नहीं लगता।"

"राजराजेश्वरी डाकू नहीं। साधारण मनुष्यों पर समान भाव रखनेवाली, उनके हित की चिन्ता करनेवाली केवल एक वीरांगना है।" शिष्ट स्वर से प्रभा ने कहा।

"मैं हृदय से कहती हूँ, मैं भी साधारण कुमारियों की तरह एक कुमारी हूँ, और अनेक आपत्तियों में फँसी हुई।"

"मैं जानती हूँ।" प्रभा बोली।

"मैं चाहती हूँ, तुम्हारी एक सखी के प्रति सहानुभूति हो और तुम उसकी रक्षा करो।"

संयोगिता के स्वर में एक सत्य-सत्य दुर्बलता बज रही थी। प्रभा यद्यपि बहु विवाहवाले भाव से घृणा करती थी, फिर भी यहाँ सत्य प्रेम की मर्यादा उसके हृदय में प्रतिष्ठित हो गई। इस भाव का विरोध वह न कर सकी। क्यों पृथ्वीराज के प्रति उसका प्रेम हुआ, यह भाव दूर हो गया, बल्कि प्रेम के प्रति उसकी सहानुभूति पैदा हुई। बोली, "बहन, मैं सब प्रकार तुम्हारे साथ हूँ।"

"मुझे तुम्हारी और (यमुना की तरफ देखकर) इसकी अत्यन्त आवश्यकता है और इस प्रकार कि लोग मेरे ही यहाँ चलकर रहें मेरी अन्तरंग सखी बनकर। मैं महाराज-कुमारीवाला व्यवहार आप लोगों से न करूँगी। एक सखी बनकर ही रहूँगी। चौहानपति सब प्रकार समर्थ हैं, परन्तु मैं अपने लिए उनकी शक्ति का ह्रास न देख सकूँगी

और आप लोग जानती हैं, राजरूप में मुझे पति-वरण करना ही होगा। महाराज चौहानपति मेरे लिए मेरी सखियों की सहायता से शृंगार की ही दृष्टि से देखेंगे।"

कुछ क्षण स्तब्धता छाई रही। यमुना ने सोचकर कहा, "बहन, मैं अपने जीवन का निश्चय कर चुकी हूँ। अब यही साधना करती हुई भविष्य पार करना चाहती हूँ।"

संयोगिता की आँखों में यथार्थ ही प्रार्थना अंकित थी। निराश होकर जैसे प्रभा की ओर उसने देखा।

"मैं तुम्हारे साथ हूँ," प्रभा बोली, "तुम्हारे लिए प्राण देते भी मुझे आपत्ति न होगी।" संयोगिता की ठोड़ी पकड़कर ऊपर उठाई। सूर्यास्त की किरणें उस नवीन म्लान मुख पर पड़ रही थीं।

सैंतीस

कई महीने बीत गए। राजा महेन्द्रपाल, जहाँ कहीं भी डाका पड़ता है, राजराजेश्वरी को पकड़ने का धावा करते हैं। जिस तरह कहा गया है कि लड़ाई के बाद प्रेम और बढ़ता है, उसी प्रकार महेन्द्रपाल, महेश्वरसिंह और बलवन्त की मैत्री उत्तरोत्तर सुदृढ़ होती जा रही है। कुमार देव अपूर्वा में भी रहते हैं और कान्यकुब्ज में भी, पर सदैव चिन्ताशील। प्रभावती का कोई संवाद उसके बाद नहीं मिला। कान्यकुब्जेश्वर ने अपने स्वार्थ में परमार्थ का पाठ पढ़ाकर सबको और दृढ़ रूप से मिला लिया है। चारों ओर से कर वसूल किया जा चुका। राजाओं के आमन्त्रण भेजे जा चुके। राजसूय की सारी तैयारियाँ पूरी हो चुकी हैं। कान्यकुब्ज में एक दूसरी ही हवा बह रही है। चारों ओर प्रसन्नता ही प्रसन्नता देख पड़ती है।

निर्धारित समय निकट आ गया। बड़े-बड़े राजाओं के पड़ाव पड़ने लगे। समस्त देश के व्यवसायी दुकानें ले-लेकर आ गए और उचित-उचित स्थानों पर लगा दीं। सुप्रबन्ध की पहले से व्यवस्था कर ली गई थी।

सभा-मंडप की सूचना वर्णनातीत हुई। हजारों मनुष्यों के बैठने की योजना की गई थी। बीच में महाराजाधिराज जयचन्द का सिंहासन था, जहाँ से वरमाला लेकर संयोगिता को वर वरण करने के लिए चलना था। समस्त सभामंडल गृह-निर्माण-कला-विशारदों के द्वारा छा दिया गया था, जिससे जल से भी सभा-समय भय न रहे। सहस्रों स्तम्भ ऊँचे से क्रमशः नीचे किए हुए लगे थे। भीतर से सारा मंडप बसन्ती रंग से रंगे बहुमूल्य पट्ट-वस्त्रों से आच्छादित था। बीच-बीच फूल कटे हुए जिसमें चाँदी, सोना, मणि और मोतियों का जड़ाव। इसी प्रकार खम्भों में। ऊँची-ऊँची वेदिकाओं पर नरेशों के आसन और भी सुशोभित। प्रवेश के लिए मुख्य चार द्वार। चारों में बन्दनवार लगे हुए। जलपूर्ण स्वर्ण घट—जिन पर आम्र-पल्लव और यवपात्र—ऊपर घृत-प्रदीप, प्रतिद्वार के दोनों ओर रखे हुए। मुख्य द्वार पर पृथ्वीराज की मूर्ति द्वारपाल के रूप से स्थापित।

राजसूय यज्ञ समाप्त हो गया। ब्राह्मणों को यथेष्ट दान-दक्षिणादि देकर महाराजाधिराज ने राज्य में दैवी शान्ति स्थापित की। सरदार ्था अभ्यागत नरेशों को जागीर, उपाधि तथा सम्मान देकर भौतिक ्न्ति सुदृढ़ की। अब संयोगिता के स्वयंवर में सफल होकर ि ानसिक शान्ति की स्थापना करने चले। यह शुभ मुहूर्त पहले से नि न हो चुका था। आज वह समय आ गया। महाराजकुमारी अपूर्व पगुणवाली नवयौवना संयोगिता को पाने की आशा लेकर ही प्रायः र मित्र-राष्ट्र के राजा गए थे। यदि केवल राजसूय में जाना कान्यकु वर के आमन्त्रण का कारण रहा होता तो अनेक नरेश न गए होते। ज-सजकर अपने दरबारी कवियों और सामन्त सरदारों के साथ स अपने-अपने आसन पर चलकर विराजमान हुए। बड़े आदर से मह ाज जयचन्द ने उन्हें बैठाया। सबकी आँखें संयोगिता के आने की प्रतीक्षा कर रही थीं।

आज स्वयंवर है, पर संयोगिता की आँखों में आँसू हैं। एकान्त कक्ष में सखी से बातें कर रही है।

"बुलावा आ चुका है। जाती हूँ। माताजी, देर हो गई कह रही हैं। चलने की सज्जा करनी होगी।"

"जाओ! रोती क्यों हो?" पूरी प्रसन्नता से हँसकर, "मैं बिलकुल तैयार हूँ। तुम्हारे जाने पर कपड़े बदलकर ठीक अपनी जगह रहूँगी।

डर क्या? सलाह के अनुसार ही काम होगा। महाराज पृथ्वी सभा में आ गए। तुम्हारी कुछ ही दूर रक्षा होनी चाहिए। तब तक चौहान सेना आ जाएगी।"

भावपूर्ण दृष्टि से अभिन्न सखी को देखकर, नम्र, परिणातांगी संयोगिता माता के पास चली।

महाराजकुमारी का शृंगार ऋतुराज के हाथों हुए मधु माधवी के शृंगार से भी बढ़कर है। वह विविध रत्नों की प्रभा के बीच असामान्य सुन्दरी संयोगिता पृथ्वी की किसी सृष्टि से उपमिता न होती हुई भी महाराजकुमारी हुई है। दासियाँ माल्य, चन्दन, अर्घ्य, मोती आदि अलग-अलग थालों में लेकर संयोगिता को चन्द्रबिन्दु के आकार में घेरकर ले चलीं। उस समय कविवर चन्द्र कविता पाठ कर रहे थे।

मन्द-झंकृत-पद धीरे-धीरे संयोगिता सभामंडल में आई। कान्यकुब्जेश्वर के बन्दी उसके परिचय में पद्य पढ़ने लगे। सबको महाराजकुमारी का आगमन सूचित हो गया। राजाओं की टकटकी बँध गई। संयोगिता पलकें झुकाए हुए दासियों के साथ महाराजाधिराज के सामने आकर खड़ी हुई। ब्राह्मण-पुरोहितों ने माल्य-प्रदान से पहले सभा के मध्य बैठकर पितृकुल के देवपूजन की विधि पूरी की। पश्चात् यथाक्रम बैठे हुए एक-एक राजा के सामने ले जाकर सिखाए हुए बन्दी उनका परिचय करने लगे। दो-एक श्लोक राजा के अपने भट्टजी भी दसगुनी तारीफ में सुना देते। इस प्रकार दासियों के साथ संयोगिता उस विशाल सभा-स्थल की परिक्रमा करने लगी।

इसी बीच कान्यकुब्ज के सरदारों में बैठे हुए कुमारदेव की दृष्टि एक युवक पर गई। ऐसे युवक से उनकी गहरी पहचान हो चुकी थी। इसी युवक में उन्हें जीवन की प्रिय प्रभा मिली थी। सब-कुछ वैसा ही है। केवल पहनाव कान्यकुब्ज सैनिक का है। आज कमर में दो तलवारें हैं और वह पिथौरा की मूर्ति के पास दूसरे सैनिक के पास टहल रहा है। बड़ा अद्भुत लगा। 'यह प्रभा नहीं हो सकती। प्रभा वहाँ कैसे आएगी?' इस प्रकार अनुमान और शंका कर, फिर अच्छी तरह आँखें मलकर देखने लगे। उत्सुकता बढ़ती गई। वैसे ही शंका भी बढ़ती रही। फिर भी, उस रूप का सादृश्य मिलता है, इतना क्या कम है?—एकटक कुमार युवक की गति-भंगिमा देखते रहे। उनका स्वयंवर देखना न हुआ। एकाएक उठ नहीं सकते। पूछते भी क्या?

यह बन नहीं।

देर हो गई। संयोगिता सभा की प्रदक्षिणा करती उसी द्वार के पास आई। भाव की दृष्टि से द्वारपाल पृथ्वीपाल की मूर्ति को देखती रही। फिर उसी के गले माला डाल दी। सभा में हाहाकार मच गया। महाराज जयचन्द बड़ी विनय से राजाओं को समझाने लगे कि संयोगिता अभी बालिका है, जिसके गले में माला डालना चाहिए, यह ज्ञान उसे नहीं, इस बार उसे समझाकर जयमाला डलवाता हूँ। यह कहकर उन्होंने क्षत्रिय राजाओं को शान्त किया और संयोगिता को बुलाकर मतलब अच्छी तरह समझाकर फिर माला डालने के लिए कहा। सेविकाएँ फिर उसे साथ लेकर प्रदक्षिणा करने लगीं। इस बार वह जल्द-जल्द राजाओं को पार करने लगी, और उसी प्रकार द्वार के पास पहुँचकर फिर पृथ्वीराज के गले में माला डाल दी।

फिर हल्ला मचा। चन्द्र के साथ पृथ्वीराज के होने का सन्देह, जयचन्द को हो चुका था। पर ऐसे सेवक के रूप से चौहान न जाएँगे यह निश्चय भी था। इसीलिए कोई छेड़ नहीं की। अब, पृथ्वीराज ने सोचा, यह मौका चूकना सदा के लिए चूकना होगा। इशारे के साथ वहाँ बैठे हुए समस्त सरदार चन्द के पीछे उठे। राजा भी तकरार की ताक में थे। भर्राकर बाहर निकले। पर पहले ही पृथ्वीराज ने प्रिया की बाँह पकड़ी। तत्काल उस खड़े हुए युवक ने एक तलवार और अपनी ढाल संयोगिता को दे दी और घूमकर पृथ्वी पर होता हुआ वार बचाया। अब तक हजारों की संख्या में शत्रु एकत्र हो गए थे, चौहान लड़ते हुए आगे को बढ़ रहे थे। पृथ्वी का घोड़ा अभी दूर था। पर वहाँ दूसरों के पास भी सवारी न थी। घमासान के साथ बढ़ते हुए चौहान घोड़े के पास आए। पृथ्वी और संयोगिता घोड़े पर सवार हो गए। देखते-देखते छिपी चौहान-सेना भी आ गई। कान्यकुब्ज की सेना लड़ती हुई उसका पीछा करने लगी। तब तक हजारों जबान कट गए।

देव बराबर युवक को देख रहे थे। जब उसने संयोगिता को ढाल और तलवार दी थी तब उनका संशय और बढ़ा था। खड़े रह गए थे। कान्यकुब्ज के सरदार चौहानों के पीछे थे। वे उसी युवक को देखते रहे। बढ़ते चौहान के साथ संयोगिता का दाहिना पार्श्व बनाकर लड़ता बढ़ता हुआ युवक सभा-स्थल पार कर गया और बाहर पृथ्वी

और संयोगिता के घोड़ों पर चढ़ने तक लड़ता दिखाई दिया। फिर चारों ओर से उमड़ी आती हुई सेना की आड़ में कुछ देख न पड़ा। कुमारदेव धीरे-धीरे बढ़े। कुछ कदम बढ़ने के बाद द्वार के बाहर लाशें ही लाशें दिखीं। पृथ्वीराज के घोड़े पर चढ़ने के कुछ आगे चलकर देखा, प्रभा मूर्च्छित पड़ी हुई है। उसकी पगड़ी, जिससे वह युवक बनी हुई थी, गिर गई है। बाल खुल गए हैं! कुमार के हृदय में वज्र-सा टूटा। धड़कन बढ़ गई। जल्द बढ़कर देखा, वहीं एक ओर बलवन्त पड़ा हुआ है—सदा की नींद सोता हुआ। प्रभावती सख्त घायल, मूर्च्छित। साँस देखी बहुत क्षीण!

"प्रभा!"

प्रभा ने भूमि पर हाथ हिलाने की चेष्टा की, कुमार नहीं समझे—वह पैरों की धूल चाहती है। फिर बहुत ही क्षीण स्वर से बोली—"रतन।"